수학 천재로 만들어 주는 흥미진진한 수학 놀이

생각하기
상상하기
도전하기

여러분의 반짝이는 아이디어로 이 책을 완성해 보아요.

글 마이크 골드스미스

영국 킬 대학교에서 천체물리학 박사 학위를 받은 과학자이자 과학 전문 작가이다. 어린이를 위한 과학책을 50권 넘게 썼고, 어벤티스 과학상(Aventis Prize for Science) 청소년 부문 후보에 두 차례나 올랐다. 쓴 책으로 《내 똥은 어디로 갔을까?》, 《신통방통 오! 감각》, 《생각번뜩 아인슈타인》, 《별별생각 과학자들》, 《재미있게 읽는 수학개념》, 《수학천재》 등이 있다.

그림 해리엇 러셀

런던에서 일러스트를 공부한 뒤, 2001년부터 일러스트레이터로 활발하게 활동하고 있다. 쓰고 그린 책으로는 《사과가 하얗다고?》, 《엘리너와 독수리》, 《봉투》 등이 있고, 《과학자처럼 생각하고 실험하는 과학 놀이》에 그림을 그렸다.

옮김 이범규

서울대학교 수학교육과 동대학원을 졸업한 뒤 중·고등학교와 대학에서 수학을 가르쳤다. 고등학교 검인정 교과서 《수학 1》, 《수학 2》를 저술했고, 대학입시용 수학 참고서를 여러 권 썼다. 어린이들이 수학을 재미있는 놀이로 쉽게 접하길 바라는 마음으로 수학 동화를 썼고, <스토리수학> 시리즈를 쓰고 감수했다. 옮긴 책으로는 《원》, 《삼각형》, 《사각형》, 《생활에서 발견한 재미있는 수학 55》 등이 있다.

수학 천재로 만들어 주는 흥미진진한 수학 놀이

글 마이크 골드스미스 l 그림 해리엇 러셀 l 옮김 이범규
초판 1쇄 발행일 2017년 8월 10일 l 개정판 2쇄 발행일 2022년 1월 20일
펴낸이 유성권 l 편집장 심윤희 l 편집 송미경, 김송이 l 표지 디자인 천현영 l 본문 디자인 이수빈
마케팅 김선우, 강성, 박혜민, 최성환, 김민지, 김단희 l 홍보 김애정 l 제작 장재균 l 관리 김성훈, 강동훈
펴낸곳 (주)이퍼블릭 l 출판등록 1970년 7월 28일(제1-170호)
주소 서울시 양천구 목동서로 211 범문빌딩 l 전화 02-2651-6121 l 팩스 02-2651-6136
홈페이지 www.safaribook.co.kr l 카페 cafe.naver.com/safaribook
블로그 blog.naver.com/safaribooks l 페이스북 www.facebook.com/safaribookskr
ISBN l 979-11-6637-028-1 73410

This Book Thinks You're a Maths Genius
Copyright @ 2017 by Thames&Hudson Ltd
All rights reserved.
Korean translation copyright @ 2017 by E*PUBLIC KOREA Co., Ltd(Safari)
This edition is published by arrangement with Thames&Hudson Ltd, London through KidsMind Agency, Korea.

이 책의 한국어판 저작권은 키즈마인드 에이전시를 통한 저작권자와의 독점 계약으로 (주)이퍼블릭(사파리)에 있습니다.
저작권법에 의해 한국 내에서 보호를 받는 저작물이므로 무단 전재와 복제를 금합니다.

* Printed and bound in China by C&C Offset Printing Co. Ltd

*도판 제공
p63 : Shutterstock.com, Hein Nouwens

수학 천재로 만들어 주는 흥미진진한 수학 놀이

글 마이크 골드스미스 | 그림 해리엇 러셀 | 옮김 이범규

여러분은 멋진 무늬 만들기, 색칠하기, 케이크 만들기를 좋아하나요? 친구들과 게임을 하거나 퍼즐을 푸는 건 어때요? 때때로 비밀 메시지를 만들어 친구들에게 보내기도 하나요? 이 모든 질문에 "네!"라고 대답했다면 여러분은 수학 천재일지도 몰라요.
'수학' 하면 머리가 지끈거리는 계산과 어마어마한 숫자들이 가장 먼저 떠오르지요. 하지만 절대 그게 전부가 아니랍니다. 이 책에 실린 놀이와 활동을 따라 하다 보면 어느새 수학이 선사하는 색다른 즐거움에 흠뻑 빠져들 거예요. 수학 천재 여러분, 즐거운 수학의 세계로 떠나 볼까요?

차례

도형
- 동물 모양 쪽매맞춤 6
- 위상 동형 찾기 8
- 입체 도형 그리기 10
- 찍찍! 쥐를 잡자! 12

측정
- 도표 만들기 14
- 유레카! 16
- 수학 케이크 18

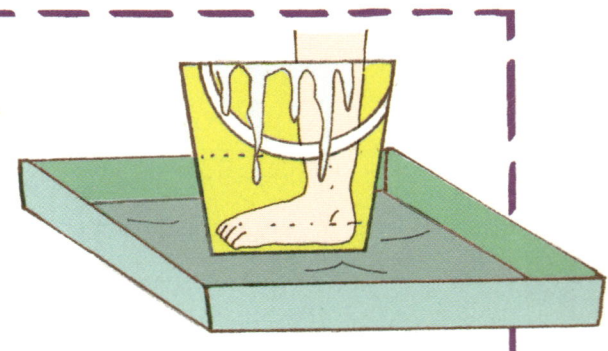

미로와 관계
- 미로 탈출 20
- 한붓그리기 22
- 친구 이름 찾기 24

패턴
- 숫자 패턴 만들기 26
- 숨은 규칙 찾기 28
- 프랙털 나무 키우기 30
- 파스칼 무늬 찾기 32

코드와 암호

비밀 메시지 보내기 34

🌶 그림 암호 풀기 36

컴퓨터처럼 읽기 38

논리

스도쿠 퍼즐 40

🌶 진실과 거짓 게임 42

님 게임 44

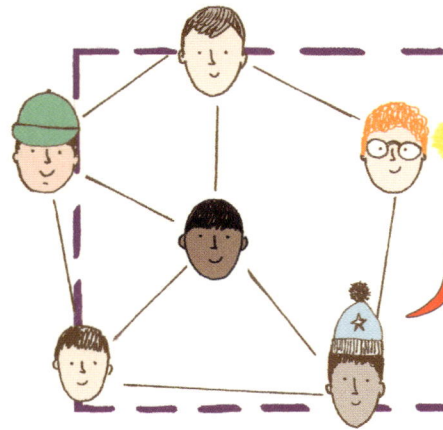

수학 놀이

돼지 주사위 놀이 46

🌶 수학 마술 쇼 48

총 빨리 뽑기 50

나만의 수학 실험실

오리고 만들면서 수학을 배워요! 52

정답 89

도형 1
동물 모양 쪽매맞춤

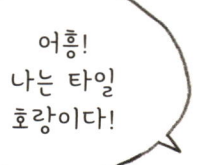

똑똑 활동!

종이쪽으로 동물 모양을 만들어 쪽매맞춤을 해 볼까요?

① 67쪽의 사각형을 모양대로 오려요.
② 사각형 아래 양쪽 모서리를 오려서 위쪽에 옮긴 뒤 셀로판테이프를 붙여요.
③ 위와 같은 방법으로 여러 개의 쪽매를 만들어 고양이 얼굴을 그리고 쪽매맞춤을 완성해 보아요.

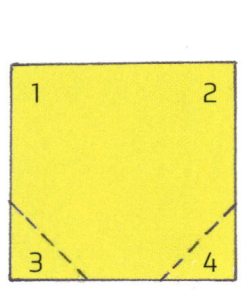
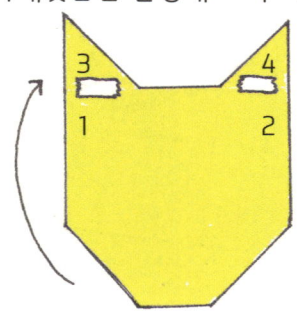

먼저 사각형 종이로 고양이 얼굴을 만들어 봐요!

아래 그림처럼 하면 고양이 얼굴을 새 모양으로 바꿀 수 있어요.

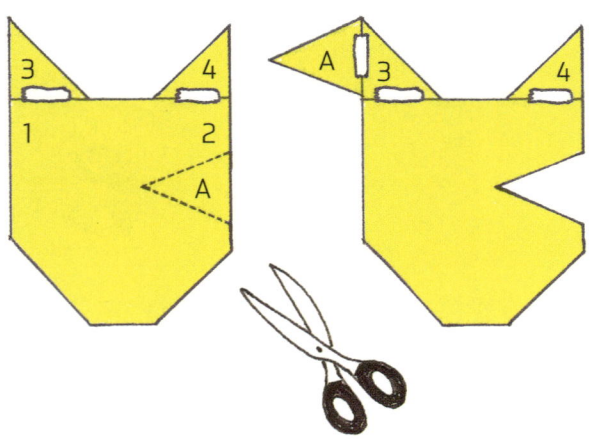
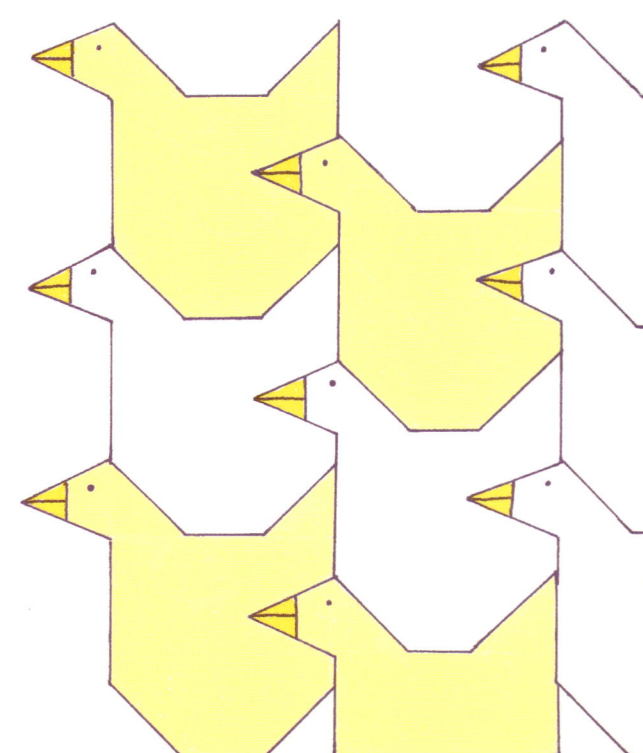

똑똑 활동!

다른 동물 모양 쪽매맞춤도 만들어 볼까요? 아래 빈칸에 종이쪽을 이리저리 갖다 붙여서 여러 동물의 쪽매맞춤을 만들어 보아요.

개념과 원리

같은 모양의 도형 조각들을 서로 겹치거나 틈이 생기지 않게 늘어놓아 평면이나 공간을 빈틈없이 덮는 것을 '쪽매맞춤'이라고 해요. 쪽매맞춤은 보통 한 가지 도형으로 만들지만, 두 가지 이상의 도형으로 만들기도 하지요. 보도블록, 욕실 타일 등은 모두 쪽매맞춤을 이용한 문양이랍니다.

도형 2
위상 동형 찾기

우아, 내가 좋아하는 수학이야!

도넛과 찻잔의 공통점은 무엇일까요? 먼저 두 가지 모두 오후 3시쯤에 우리에게 즐거움을 준다는 거예요. 그리고 두 사물이 서로 '위상 동형'이라는 거지요.

어떤 도형을 늘이거나, 줄이거나, 비틀어서 다른 도형으로 바꿀 수 있을 때 두 도형을 '위상 동형'이라고 불러요. 단, 자르거나 이어 붙여서는 안 돼요. 이 이론을 '위상 기하학'이라고 한답니다.

믿기 어렵겠지만, 축구공은 책과 위상 동형이에요. 축구공을 네 방향으로 계속 늘이거나, 책의 네 모서리를 찌그러뜨려서 서로 똑같은 모양으로 만들 수 있기 때문이죠.

하지만 축구공과 도넛은 위상 동형이 아니에요. 축구공이 도넛 모양으로 바뀌려면 가운데 부분을 잘라서 구멍을 내야 하거든요.

똑똑 활동!
여러분의 집 안에 있는 위상 동형인 물건들을 찾아 9쪽의 표에 그려 보아요.

동전	반지	찻주전자
		89쪽에 동전, 반지, 찻주전자와 위상동형인 물건들이 있으니 참고하세요.

개념과 원리

위상 기하학은 도형의 성질을 연구하는 기하학의 한 분야예요. 기하학에서는 삼각형과 원이 다른 도형이지만, 위상 기하학에서는 둘을 같은 모양으로 보지요. 즉, 선분의 길이와 각도, 넓이, 부피는 전혀 중요하지 않아요.

도넛과 찻잔이 같은 모양이라니 정말 놀라워!

도형 3

입체 도형 그리기

평면 위에 그려진 그림을 삼차원 입체 모양처럼 만들 수 있을까요?
투영법을 사용하면 간단하게 그릴 수 있어요! 투영법은 물체에 빛을 비추어
평면 위에 나타난 그림자로 그 물체의 모양을 나타내는 방법이지요.

내가 평면에서 입체감이 느껴지는 삼차원 마법을 보여 주지!

똑똑 활동!

정육면체들로 이루어진 입체 도형을
아래 빈칸에 자유롭게 그려 보아요.

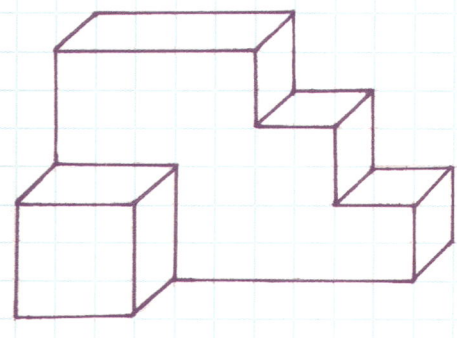

● 시작점

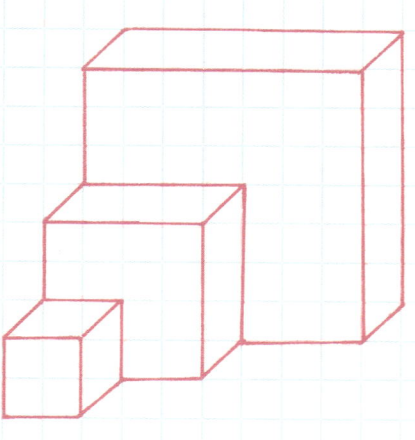

공간에 있는 도형의 모양을 평면 위의
도형으로 나타낸 그림을 '투영도'라고 해요.

'등측투영법'은 입체 도형을 그리는 또 다른 방법이에요. '등'은 같다, '측'은 '측정한다'는 뜻이지요. 등측투영도는 모든 모서리의 길이가 같고, 한 꼭짓점에 모이는 중심각들이 서로 같아요. 각이 3개면 120°, 2개면 60°로 같지요.

모서리의 길이가 같아요.

똑똑 활동!

여러분 이름의 알파벳 이니셜을 등측투영법으로 그려 보아요.

개념과 원리

투영법은 삼차원 공간의 물체를 평면 위에 그리는 데 매우 효과적이에요. 물체의 입체감을 살리기 위해 각의 크기를 실제와 다르게 그리지요. 하지만 투영법은 물체가 멀리 있다고 해서 더 작게 그리진 않아요. 그래서 원근법에 따라 눈에 비친 그대로 표현하는 투시도는 그릴 수 없답니다.

뿅!

도형 4
찍찍! 쥐를 잡자!

똑똑 활동!

쥐에 관한 문제를 내려고 해요. 혹시 쥐를 싫어하나요?
그래도 여러분이 꼭 풀어 주면 좋겠어요.

사실 이건 수학자들이 연구했던 기하학 문제예요.
그럼 시작해 볼까요? 정사각형의 네 귀퉁이마다
쥐가 한 마리씩 있다고 상상해 보아요.

네 마리의 쥐들이 각각 바로 앞에 있는
다른 쥐를 쫓아가기 시작했어요.
영리한 수학자들이라고 해도 일반 쥐들이
어떻게 움직이는지 잘 아는 건 아니거든요.
자, 그럼 쥐는 어떤 길을 따라갈까요?

아래 과정을 차례차례 따라 해 보면, 쥐들이 움직인 동선을 그릴 수 있어요.

첫째
정사각형의 네 귀퉁이
에서 각각 5mm 이동
한 지점을 표시해요.

둘째
네 지점을 선으로 연결
하면 새로운 사각형이
생겨요. 새로 그린 정사
각형에도 네 귀퉁이에
서 각각 5mm 떨어진 곳
을 표시해요.

셋째

더는 정사각형을 그릴 수 없을 때까지 위의 과정을 반복해요.

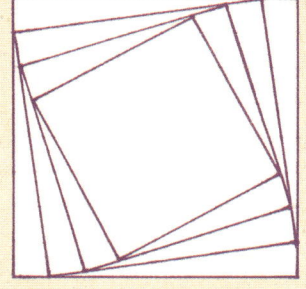

넷째

이제 각 귀퉁이에서 시작된 4개의 곡선이 중심을 향해 나선 모양으로 소용돌이치는 것이 보일 거예요. 이것이 바로 쥐들이 움직인 자취지요.

89쪽에 쥐들의 동선이 자세히 나와 있어요.

똑똑 활동!

아래 빈칸에 쥐들의 동선을 끝까지 그려 보아요. 원하는 색으로 칠해도 좋아요.

개념과 원리

한 물체가 다른 물체를 향해 일정한 속도로 움직일 때, 뒤따라가는 물체가 그리는 평면 곡선을 '추적 곡선'이라고 해요. 움직이는 표적물을 쫓는 유도 미사일의 방향을 예측할 때 '추적 곡선' 원리를 사용한답니다.

측정 1
도표 만들기

똑똑 활동!

나와 가족, 내 친구, 애완동물을 수학적으로 측정한 뒤 아래 표에 적어 보아요.

★ 특급 경고 ★

애완동물을 측정할 땐 부드럽게 다루어야 해요. 안 그러면 여러분이 자고 있을 때 괴롭힐지도 모른답니다.

	키 (cm)	다리 길이 (cm)	머리 무게 (저울을 베개처럼 베고 잴 것!)	팔꿈치에 혀를 갖다 댔을 때, 팔꿈치와 혀 사이의 간격 (cm)
내 이름				
친구 이름				
애완동물 이름				
가족 이름				
이름				
이름				

애완동물은 몸에 혀가 닿지 않는 부위가 있을까?

이 활동을 하려면
줄자가 필요해요!

개념과 원리

'통계'는 어떤 내용에 대해 조사한 자료를 숫자로 나타내는 거예요. 자료는 한눈에 알아보기 쉽게 그림이나 그래프 같은 도표로 표현하지요. 통계학은 사회적·자연적 현상을 정리하고 분석하는 데 사용돼요.

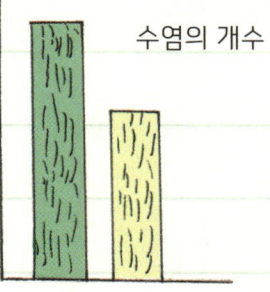

머리 위에 책을 올리고 걸을 수 있는 최대 거리 (m)	수염의 개수 (코밑이나 턱에 붙은 머리털)	두 눈썹의 간격 (mm)	눈을 깜박이지 않고 견디는 시간 (초)	귀의 너비 (mm)

* 어떤 사람은 측정하기 전에 눈썹부터 그려야 할 수도 있어요.

측정 2

유레카!

똑똑 활동!

내 발의 부피를 재 보아요.

'부피'는 높이와 넓이를 가진 입체 도형이 공간에서 차지하는 크기를 말해요. 이때 입체 도형은 정육면체나 사각뿔이 될 수도 있고, 심지어 여러분의 발이 될 수도 있지요.

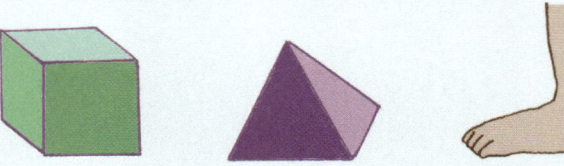

아마 많은 사람들이 발의 부피를 어떻게 재야 할지 고민하느라 뜬눈으로 밤을 새웠을 거예요. 다행히 고대 그리스의 수학자 아르키메데스가 일찌감치 그 방법을 알아냈답니다.

첫째

양동이, 계량컵, 가장자리 높이가 5cm 이상인 넓은 쟁반을 준비해요.

둘째

쟁반 위에 양동이를 놓고, 양동이 가득 물을 채워요. 이때 쟁반으로 물이 넘치지 않도록 조심해야 해요.

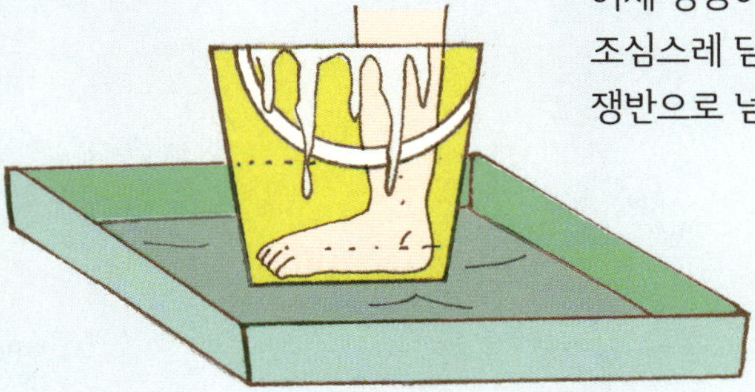

셋째

이제 양동이 안에 내 발을 조심스레 담가요. 그러면 물이 쟁반으로 넘쳐흐를 거예요.

넷째

쟁반으로 넘쳐흐른 물을 계량컵에 부어요. 컵에 담긴 물의 양이 바로 내 발의 부피랍니다.

개념과 원리

아르키메데스는 목욕을 하다가 탕 밖으로 넘쳐흐르는 물을 보고 한 가지 사실을 깨달았어요. 바로 불규칙한 모양을 지닌 물체의 부피를 계산하는 법이었지요. 그 순간 아르키메데스는 벌거벗은 채 "유레카(알았다)!"라고 외치며 밖으로 뛰어나갔어요. 비록 그 바람에 아르키메데스는 창피를 당했지만, 매우 중요한 수학 원리를 발견한 역사적인 순간이었답니다.

측정 3

수학 케이크

똑똑 활동!

수학을 이용해 천재 제빵사가 되어 보아요!

★ 특급 경고 ★
오븐을 사용할 때는 반드시 어른에게 도움을 청해요.

"여러분, 반가워요!"

할머니는 지난 10년 동안 케이크와 비스킷을 맛있게 만드는 챔피언 자리를 지켜 왔어요. 그 비결이 뭐냐고요?

비결은 바로…, 할머니가 수학 천재이기 때문이에요. 케이크나 비스킷은 밀가루, 버터, 달걀, 설탕 등 기본 재료를 섞어 만들지요. 할머니는 재료를 어떤 비율로 섞으면 맛있는 케이크가 되는지 잘 알고 있답니다.

오른쪽 그림은 비스킷을 만드는 데 필요한 재료와 재료의 양을 알려 주는 원그래프예요.

먼저 버터와 설탕을 섞어 크림을 만든 뒤 밀가루에 넣고 반죽해요. 반죽을 넓게 펼친 다음 비스킷 모양을 찍어 오븐에 넣고 200℃에서 구워요. 노릇노릇 황금색이 될 때까지요!

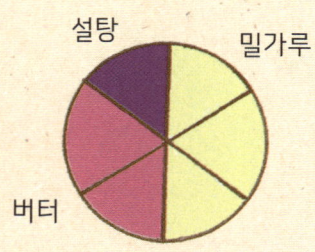

설탕 1조각
버터 2조각
밀가루 3조각

"조각이라고요? 밀가루가 어떻게 조각이에요?"

기준이 되는 '조각'의 양을 정하면 비스킷을 얼마나 많이 만들든지 문제없어요. 예를 들어 '1조각'을 50그램이라고 했을 때 밀가루 150그램, 버터 100그램, 설탕 50그램, 즉 3:2:1의 비율로 재료를 섞으면 맛있는 비스킷을 만들 수 있지요.

똑똑 활동!

재료의 양을 계산해 스펀지케이크를 맛있게 만들어 보아요!

오른쪽의 원그래프는 스펀지케이크를 만드는 데 필요한 재료의 비율을 나타낸 거예요. 먼저 '1조각'의 크기를 계산해 볼까요? 일반적인 크기의 스펀지케이크에는 보통 달걀 2개가 들어가요. 따라서 먼저 달걀 2개의 무게를 재서 빈칸에 적어요.

그다음 나머지 재료들의 무게를 1:1:1:1의 비율에 맞춰 적어요.

버터와 설탕을 계산한 분량만큼 비율대로 섞어 부드러운 크림을 만들어요. 여기에 달걀과 밀가루를 넣고 한 번 더 섞어요.

완성된 반죽을 얇은 판에 붓고, 200°C의 오븐에서 약 30분간 구우면 맛있는 스펀지케이크가 완성되지요.

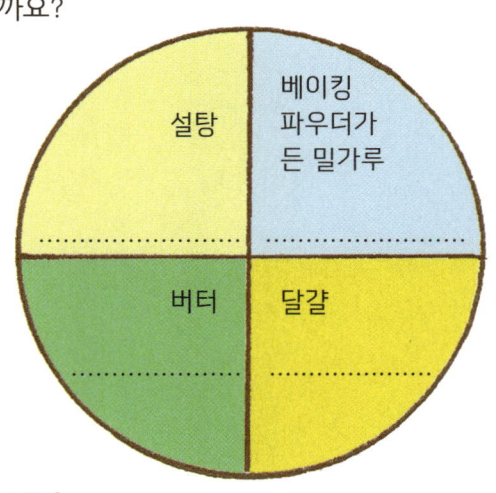

"맛있는 케이크 안에 수학이 들어 있었네요!"

개념과 원리

비율은 2개 이상의 수 또는 양을 기준량에 비교하여 몇 배인지 크기를 나타내는 거예요. a:b의 형태로 표현하지요. 비율은 수학뿐 아니라 음식을 만들 때나 여러 분야에서 사용되고 있답니다.

미로와 관계 1

미로 탈출

미궁에 대해 들어 본 적 있나요? 미궁은 밖으로 나가는 길을 쉽게 찾을 수 없도록 만든 건물로, 미로와 비슷한 말이에요. 오른쪽 그림은 비교적 쉬운 미로랍니다. 길을 따라가다 보면 중심에 도착하게 되지요.

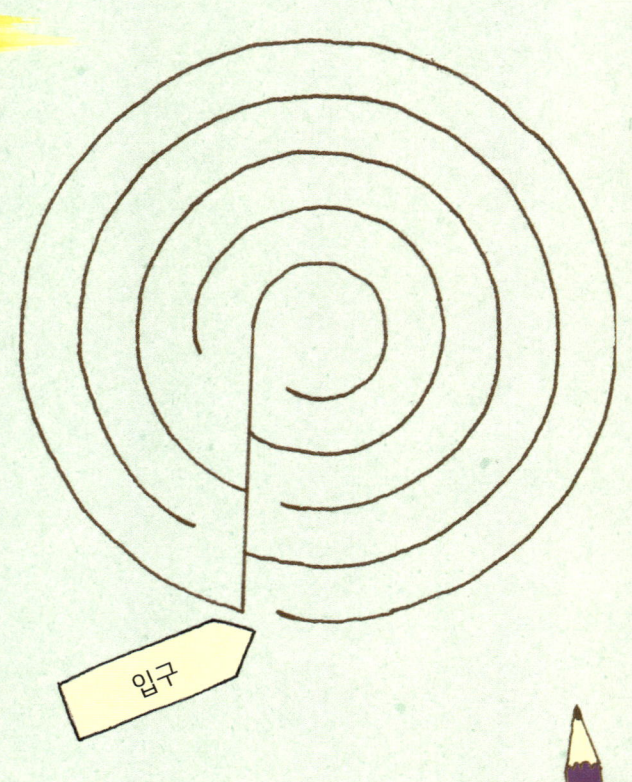

입구

길을 금방 찾을 수 있는 미로라면 도전할 가치가 없지!

똑똑 활동!

위의 미로를 베껴 그려요. 단, 그림을 보지 않고 30초 안에 그려야 해요. 지우개 달린 연필을 사용하면 도움이 될 거예요.

미로를 그리는 방법은 90쪽에 있어요.

똑똑 활동!

아래 미로를 빠져나가는 길을 찾아보아요. 한 가지 귀뜸을 해 줄까요?
세 면으로 둘러싸여 막힌 길을 찾아 그 구역을 색칠하는 거예요.
막다른 길을 모두 칠하고 나면 빠져나가는 길이 드러날 거예요.

정답은 90쪽에 있어요.

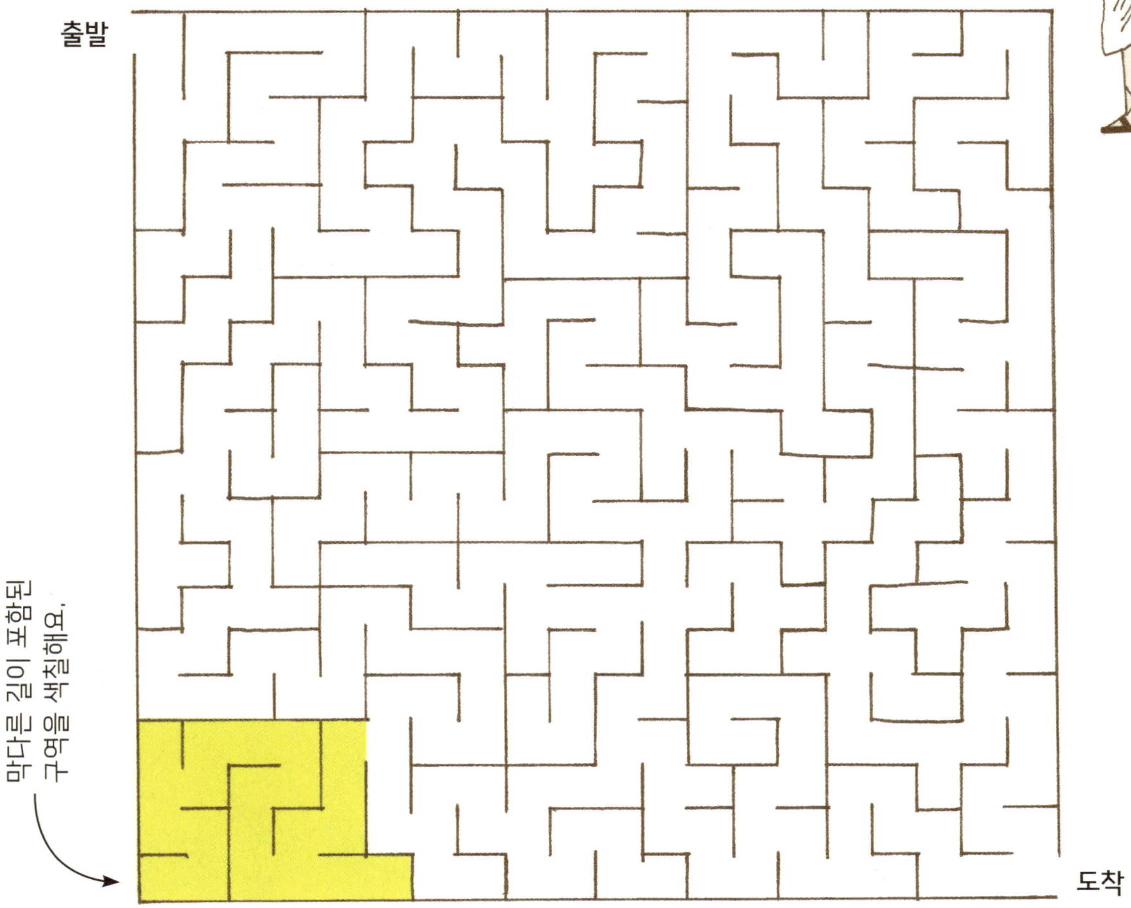

출발

막다른 길을 색칠한 구역을 표현함.

도착

개념과 원리

'위상 기하학'이란 용어를 기억하나요? 어떤 도형을 구부리거나 늘려서 다른 모양으로 만들 수 있다면 그 둘을 '위상 동형'이라고 해요. 사실 미로는 위상 기하학의 한 분야예요. 미로의 막다른 길을 색칠해 단순화하는 것은 도형을 찌그러뜨려서 모양을 바꾸는 것과 같아요. 즉, 길이나 모양은 달라도 '위상'이 같은 도형으로 만든 뒤 미로를 빠져나가는 길을 찾는 거지요.

그러고 보니 색칠하는 것도 수학이네?

21

미로와 관계 2

한붓그리기

레온하르트 오일러는 18세기에 살았던 스위스의 수학자예요. 오일러에게는 꼭 해결하고 싶은 문제가 있었지요. 그는 산책을 좋아했지만 한 번 지나간 길을 또다시 가고 싶어 하지 않았어요. 그것만큼 따분한 일은 없었으니까요.

> 오, 일기장아! 난 오늘 아주아주 지루한 산책을 했어….

아래 그림은 독일 쾨니히스베르크 시의 지도로, 오일러가 산책하려 했던 곳이에요. 오일러는 프레겔 강에 놓인 7개의 다리를 딱 한 번씩만 건너며 산책할 수 있는지 알고 싶었어요.

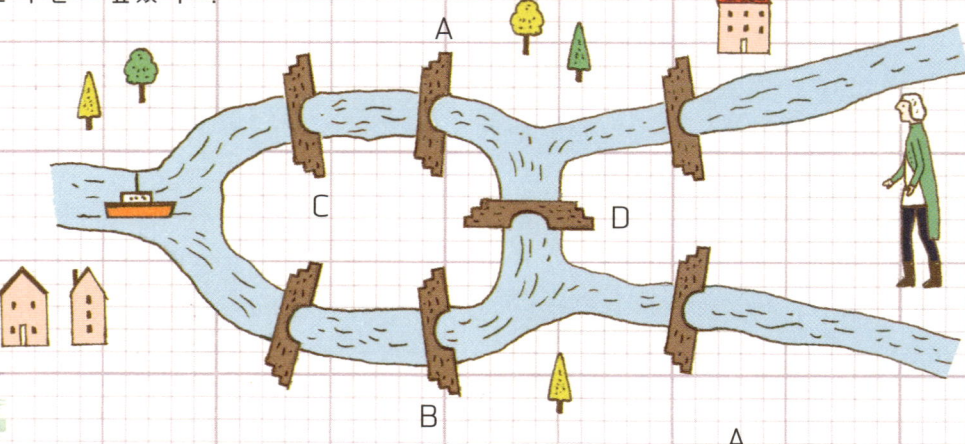

똑똑 활동!

강으로 나누어진 네 지역을 모두 방문하되, 모든 다리를 딱 한 번씩만 건너는 길을 찾아보아요. 과연 가능할까요?

각 지역을 A부터 D까지 기호를 붙여 꼭짓점으로 나타내고, 7개의 다리는 꼭짓점 4개를 연결하는 선으로 바꿔요.

위의 지도를 오른쪽 그래프처럼 표현해 생각하면 도움이 되지요.

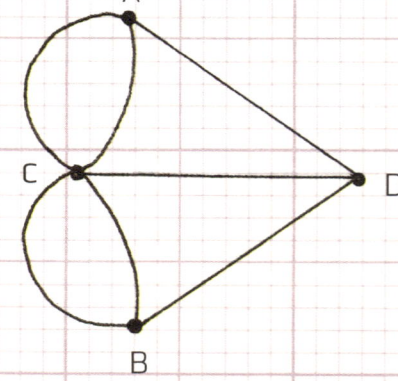

* 오일러가 실제로 쾨니히스베르크 시를 산책했는지는 알 수 없답니다.

똑똑 활동!

아래 도형들을 따라 그려 보아요. 단, 연필을 떼지 않은 채 모든 꼭짓점을 반드시 지나야 하고, 같은 선을 두 번 지나선 안 돼요. 이를 '한붓그리기'라고 하지요. 오일러가 고심했던 다리 건너기 문제는 바로 '한붓그리기'랍니다.

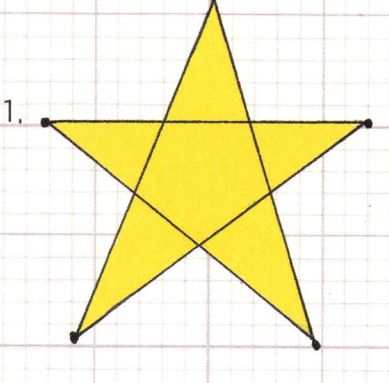

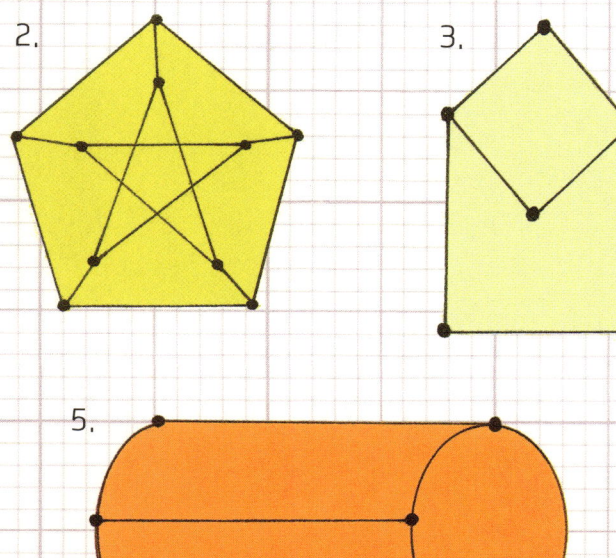

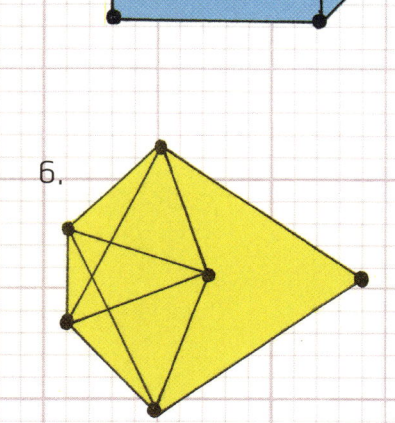

6개의 도형 가운데 '한붓그리기'가 가능한 것은 무엇일까요?

정답은 91쪽에 있어요.

개념과 원리

오일러는 한붓그리기를 통해 다리 건너기 문제가 불가능하다는 것을 증명했어요. 오일러의 한붓그리기는 뒷날 수학의 한 분야인 '그래프 이론'의 시초가 되었지요. 여기서 말하는 그래프는 자료를 분석해 도표로 나타낸 것이 아니라, 몇 개의 꼭짓점과 선으로 이루어진 도형을 말해요.

미로와 관계 3
친구 이름 찾기

자, 지금부터 탐정이 되어 친구의 이름을 찾아 볼까요?

똑똑 활동!

오른쪽의 그래프와 아래 단서들을 통해 여자아이들의 이름을 맞혀 보아요.

1. 앨리스에게는 4명의 친구가 있어요. 베키, 클로에, 다나, 엠마예요.
2. 프레야는 친구가 엠마 1명뿐이에요.
3. 베키와 엠마는 클로에의 친구예요.

빈칸에 여러분이 추리한 이름을 적어요.

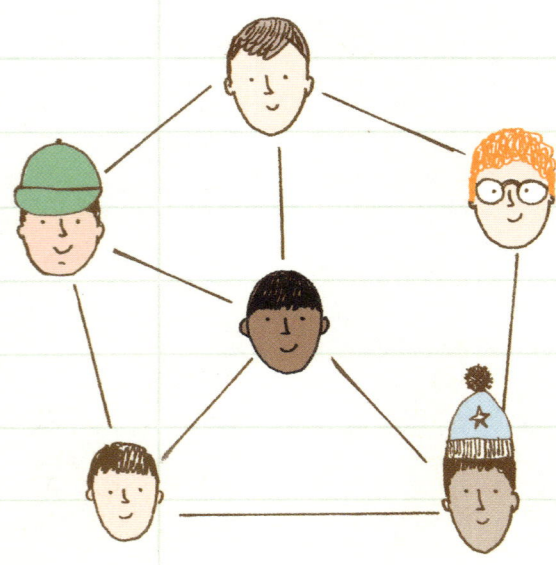

똑똑 활동!

이번에는 남자아이들의 이름을 맞혀 보아요.

1. 시릴에게는 마이크와 아미트 2명의 친구가 있어요.
2. 브린은 엘리, 마이크, 피터와 친구예요.
3. 엘리는 피터보다 친구가 더 많아요.

정답은 91쪽에 있어요.

똑똑 활동!

아래 빈칸에 나와 같은 반 친구들의 관계를 그래프로 그려 보아요.

개념과 원리

위 활동에서 친구들의 관계를 점과 선이 결합된 그래프로 나타내 보았어요. 수학자들은 여러 개체들 간의 관계를 설명할 때 이처럼 그래프 이론을 이용한답니다. 그래프 이론은 생물학에서 동물의 종을 분류하고 그들의 관계를 나타낼 때, 유전학 연구에 필요한 가계도를 만들 때 등 널리 활용되고 있어요.

우리가 친구라고?

패턴 1
숫자 패턴 만들기

똑똑 활동!

첫째

1452년 4월 15일은 레오나르도 다 빈치의 생일이에요. 이 숫자들을 하나하나 분리하여 수열 1, 5, 4, 1, 4, 5, 2를 만들어요.

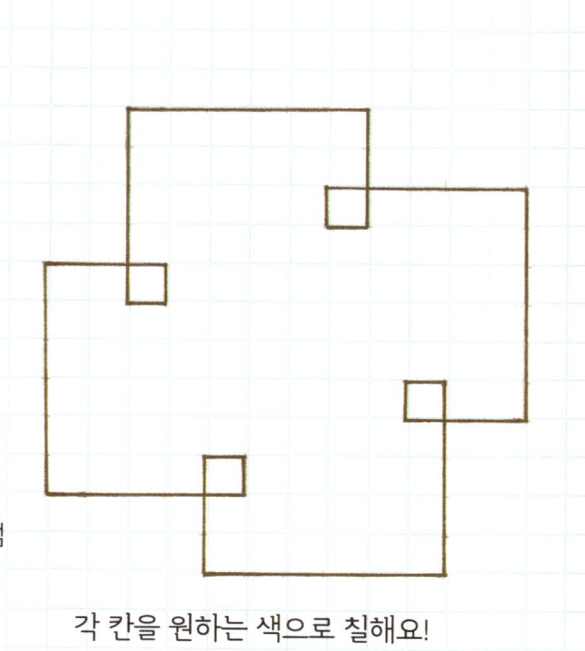

여러분도 함께 생일 축하해 줄래요?

둘째

시작점을 정한 뒤 수열의 첫 번째 수 1에 해당하는 1칸만큼만 이동해 선을 그려요. 즉, 숫자의 크기가 선분의 길이가 되는 거지요. 다음 수로 넘어갈 때는 진행 방향의 왼쪽으로 90°를 꺾어서 그려요.

셋째

마지막 수인 2까지 다 그리고 나면 다시 첫 번째 수로 돌아가 계속 그려요. 어떤 수열은 고리 모양으로 둥글게 그려질 거예요. 수를 어떻게 배열하느냐에 따라 여러 가지 모양이 나타난답니다.

각 칸을 원하는 색으로 칠해요!

아래 빈칸에 나만의 숫자 패턴을 그려 보아요.

촛불 9개,
선물 5개,
사람 1명….
9, 5, 1

개념과 원리

아마 여러분은 패턴을 예쁜 무늬 정도로만 생각할 거예요. 그러나 수학에서 패턴은 '특정한 모양이 하나의 규칙성을 가지고 반복되는 현상'을 뜻해요. 즉, 수학적 규칙으로 만들어진 도형 또는 수의 집합체라고 할 수 있어요.

패턴 2
숨은 규칙 찾기

똑똑 활동!

왼쪽의 도형 6개를 찬찬히 살펴보아요. 이 도형들은 모두 한 가지 규칙을 따르고 있어요. 반면 오른쪽의 도형 6개는 이 규칙과 전혀 상관이 없답니다. 과연 어떤 규칙일까요?

왼쪽의 도형들은 모두 변이 6개예요.
하지만 오른쪽의 도형들은 변의 개수가 제각각이지요! 답을 알고 나니 참 쉽죠?

똑똑 활동!

다음 도형들 속에 숨어 있는 규칙을 찾아보아요. 마찬가지로 왼쪽의 도형들은 규칙이 있고, 오른쪽의 도형들은 규칙이 없어요.

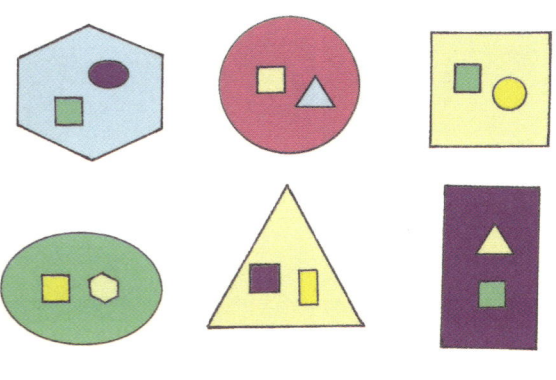 

정답은 92쪽에 있어요.

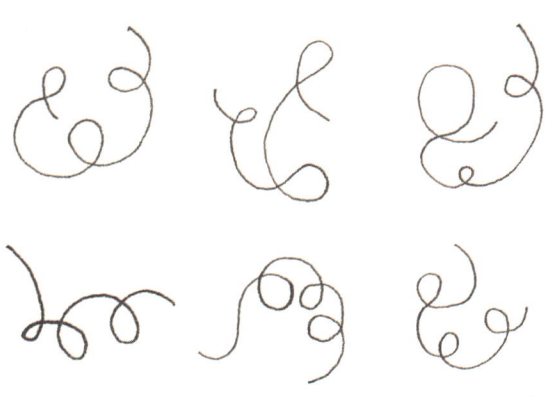 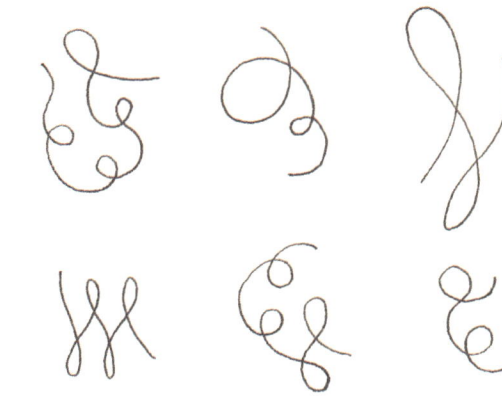

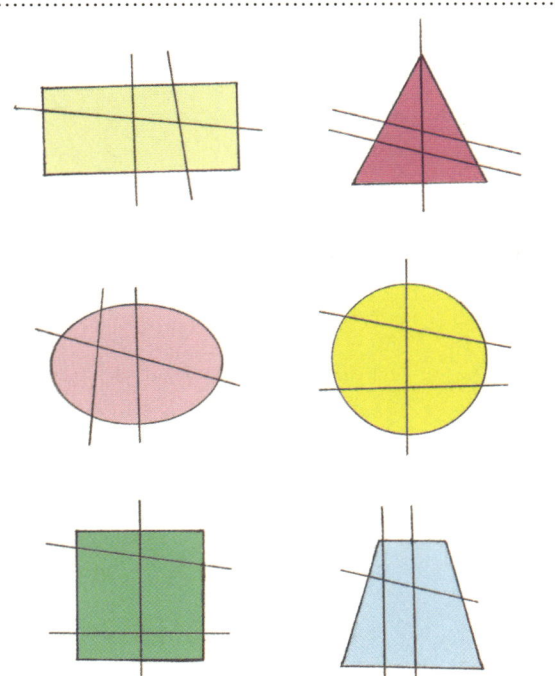 

개념과 원리

이번 활동은 이미 그려진 도형이나 무늬에서 동일하게 적용된 규칙을 찾아내는 것이었어요. 이러한 규칙은 공통점이 없어 보이는 도형들을 하나의 집합으로 묶어 주는 요소가 되기도 한답니다.

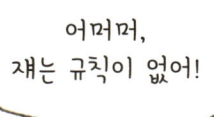
어머머, 쟤는 규칙이 없어!

패턴 3
프랙털 나무 키우기

똑똑 활동!

먼저 모눈종이 8칸을 세로로 길게 그려 나무줄기를 세워요. 이 줄기 끝에 90° 각도로 나뭇가지 2개를 이어 그려요. 이때 각 가지의 길이는 처음 그린 줄기의 절반인 4칸으로 맞추어요.

90° 각도로 그린 2개의 가지 끝에 다시 90°로 벌어지는 가지 1쌍을 각각 4칸씩 그려요. 어느새 가지가 4개가 되었죠? 이제 4개의 가지마다 대각선으로 모눈종이 2칸만큼 가지를 이어 그려요. 이와 같은 방식으로 더는 그릴 수 없을 때까지 계속 그리면 프랙털 나무가 된답니다.

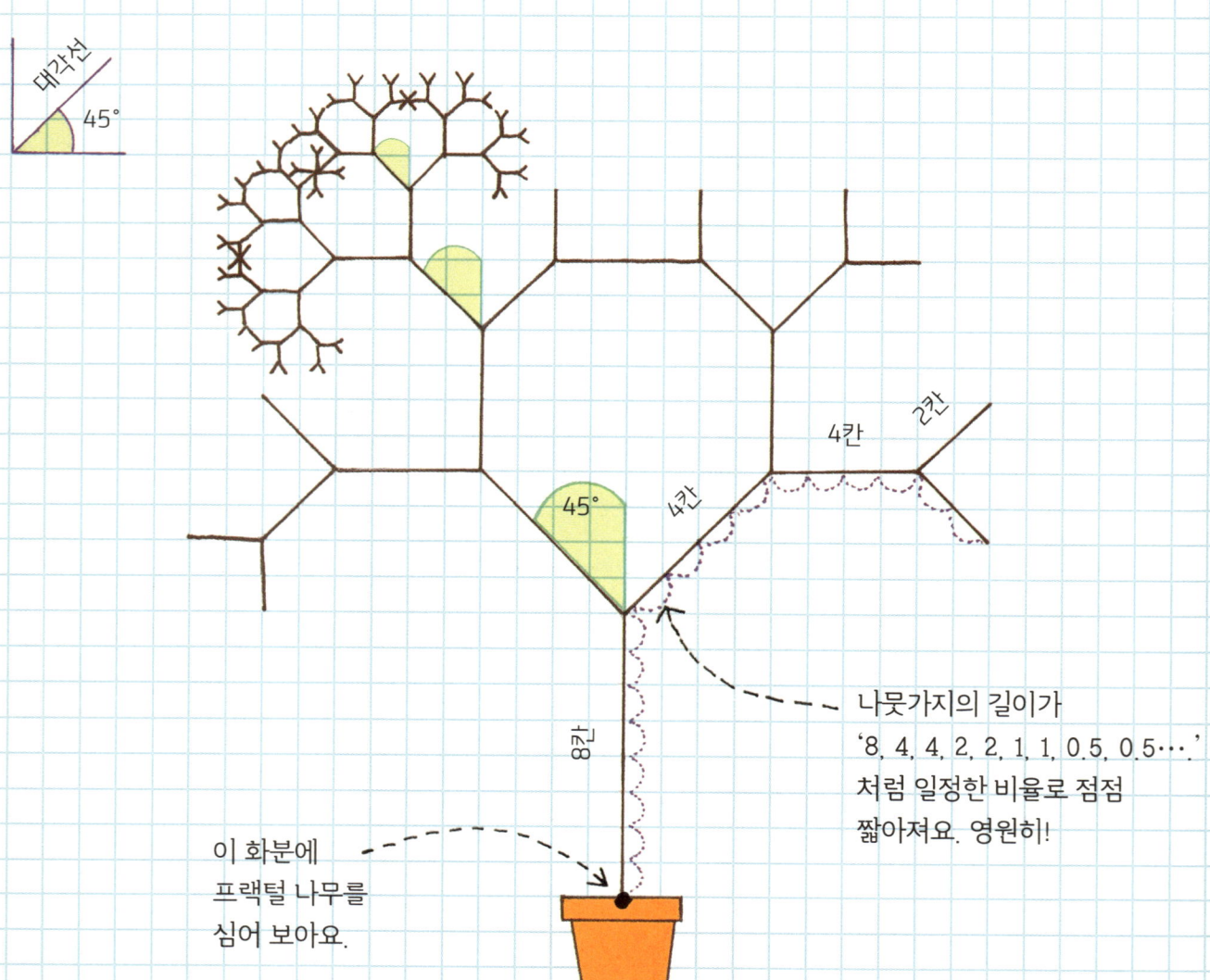

나뭇가지의 길이가 '8, 4, 4, 2, 2, 1, 1, 0.5, 0.5···.' 처럼 일정한 비율로 점점 짧아져요. 영원히!

이 화분에 프랙털 나무를 심어 보아요.

프테로프랙털

원 안에 같은 크기의 작은 원 3개를 그린 뒤 원과 원 사이의 빈 공간에도 원을 그려요. 더는 그려 넣을 수 없을 때까지 계속 원을 그려 넣어요.

개념과 원리

프랙털은 어떤 한 부분이 전체의 형태를 닮은 도형으로, 똑같은 무늬가 끝없이 되풀이돼요. 프랙털은 컴퓨터 그래픽 분야에 널리 응용되고 있지요. 구름 모양이나 해안선 등 자연에서도 쉽게 찾아볼 수 있어요.

영원히 끝나지 않는 재미!

패턴 4
파스칼 무늬 찾기

똑똑 활동!

파스칼의 삼각형에서 찾을 수 있는 숫자 패턴을 색칠해 보아요.

짝수와 홀수를 다른 색으로 칠해 봐요. 어떤 무늬가 나타날까요?

```
                              1
                           1     1
                         1    2    1
                       1    3    3    1
                     1    4    6    4    1
                   1    5   10   10    5    1
                 1    6   15   20   15    6    1
               1    7   21   35   35   21    7    1
             1    8   28   56   70   56   28    8    1
           1    9   36   84  126  126   84   36    9    1
         1   10   45  120  210  252  210  120   45   10    1
       1   11   55  165  330  462  462  330  165   55   11    1
     1   12   66  220  495  792  924  792  495  220   66   12    1
   1   13   78  286  715 1287 1716 1716 1287  715  286   78   13    1
```

정답은 93쪽에 있어요.

코드와 암호 1
비밀 메시지 보내기

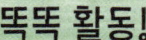

똑똑 활동!

아래의 비밀 메시지에 어떤 뜻이 숨어 있는지 맞혀 보아요.

```
FDHVDU LV D ULJKW JLW
```

잘 모르겠다고요? 그럼 각 알파벳을 세 자리 앞에 있는 글자로 바꿔 보아요.
즉, F는 C가 되는 거죠.

A B C D E F G H I J K L M N O P Q R S T U V W X Y Z

정답은 94쪽에 있어요.

이제 눈치챘나요? 위의 비밀 메시지는 '카이사르 암호' 혹은 '시저 암호'를 이용해 만든 거예요. 카이사르는 로마의 군인이자 정치가로, 전쟁터에 나갈 때마다 자신이 이끄는 장군들에게 비밀 메시지를 보냈어요. 이때 카이사르는 글자를 있는 그대로 적지 않고, 세 자리 뒤에 있는 알파벳으로 바꿔 썼지요. A는 D로, B는 E로 말이에요. 알파벳 맨 마지막 글자인 Z는 다시 맨 앞으로 돌아가 C로 적었답니다.

카이사르 암호를 이용해 나만의 비밀 메시지를 만들어 보아요.

고대 그리스의 스파르타 사람들은 비밀 메시지를 보낼 때 '스키테일'을 사용했어요.

스키테일을 만들려면 연필 2자루, 종이테이프, 접착제가 필요해요.

똑똑 활동!

69쪽에 있는 종이테이프를 오려요.

첫째

연필의 한쪽 끝에 종이테이프를 붙인 뒤 나선으로 둘둘 감아요. 이때 종이테이프의 테두리끼리 마주 닿되 겹치지 않아야 해요.

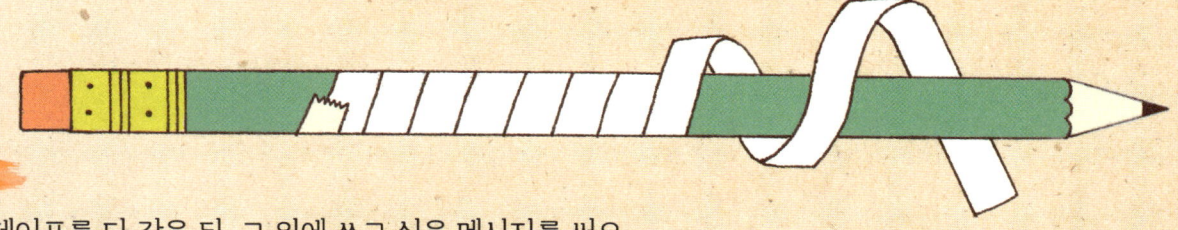

둘째

종이테이프를 다 감은 뒤, 그 위에 쓰고 싶은 메시지를 써요.

셋째

종이테이프를 풀어 친구에게 보내요. 친구가 똑같은 굵기의 연필에 종이테이프를 둘둘 감으면 내가 보낸 메시지를 볼 수 있답니다.

개념과 원리

명확히 말하자면 코드와 암호는 같은 뜻이 아니에요. 코드는 '어떤 정보를 나타내기 위해 정한 기호 체계'예요. 반면 암호는 카이사르가 세 자리 뒤에 있는 알파벳으로 바꿔 쓴 것처럼, '비밀 유지를 위해 당사자끼리만 알 수 있도록 일정한 규칙을 섞어 만든 약속 기호'랍니다.

코드와 암호 2
그림 암호 풀기

똑똑 활동!

원래는 그리스 문자로 된 암호표만 있었지만 한글과 영어로도 암호표를 만들 수 있지!

오른쪽 표는 '폴리비우스 암호'예요. 이 암호는 고대 그리스의 역사가 폴리비우스가 비밀 메시지를 만들기 위해 발명했어요. 표 바깥에 있는 숫자는 알파벳을 알려 주는 좌표로 가로줄의 숫자는 앞에, 세로줄의 숫자는 뒤에 쓰지요. 즉, 좌표 '32, 51, 23, 23, 53'은 'HELLO'를 뜻해요.

	1	2	3	4	5
1	A	B	C	D	E
2	F	G	H	I	J
3	K	L	M	N	O
4	P	Q	R	S	T
5	U	V	W	X	YZ

폴리비우스 암호는 글자뿐 아니라 색깔로도 만들 수 있어요.

원하는 색깔의 좌표를 해당 칸에 적어 꽃을 표현할 수 있어요.

따라서 꽃을 나타내는 폴리비우스 암호는 아래와 같아요.
14, 34, 14 / 34, 33, 34 / 14, 34, 14 / 22, 22, 14 / 14, 22, 14

똑똑 활동!

왼쪽 표에 나만의 그림을 그려 봐요. 그리고 다른 종이에 각 칸의 색깔 좌표를 모두 적어 암호를 완성해요. 친구에게 이 암호를 보내어 암호만 보고도 내가 그렸던 그림과 똑같이 그리는지 알아보아요.

똑똑 활동!

36쪽의 색깔 암호를 사용해 아래 표에 숨겨진 그림을 되살려 보아요.

32	32	13	13	13	13	13	13	13	13	13	13	13	32	32
32	32	13	23	23	23	23	23	23	23	23	23	13	32	32
32	32	32	13	42	42	42	42	42	42	42	13	32	32	32
32	32	13	42	42	42	42	42	42	42	42	42	13	32	32
32	13	42	42	42	42	42	42	42	42	42	42	42	13	32
13	14	42	42	42	21	21	21	21	21	42	42	42	23	13
13	23	42	42	21	12	41	12	12	41	21	42	42	23	13
13	14	42	21	41	12	12	41	41	12	12	21	42	23	13
13	23	21	12	41	44	12	12	12	12	12	21	21	23	13
13	23	21	12	41	12	12	41	41	41	41	21	21	23	13
13	23	42	21	41	41	41	12	12	41	12	42	21	23	13
13	23	42	42	21	12	12	12	41	12	21	42	42	23	13
32	23	42	22	42	21	21	21	21	21	42	22	42	23	13
32	13	42	22	42	42	42	42	42	42	42	22	42	13	32
32	32	13	22	22	23	23	23	23	23	22	22	13	32	32
32	32	32	13	22	13	13	13	13	13	22	13	32	32	32

정답은 94쪽에 있어요.

개념과 원리

폴리비우스 암호는 5×5 행렬로 된 암호표와 좌표를 사용해 특정 메시지를 암호화하는 거예요. 사물의 정확한 위치를 나타내는 수의 짝인 좌표는 그래프와 지도를 만들 때 유용하지요.

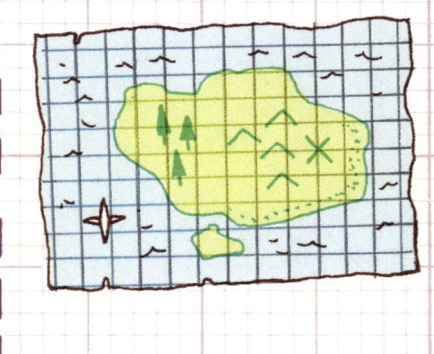

코드와 암호 3
컴퓨터처럼 읽기

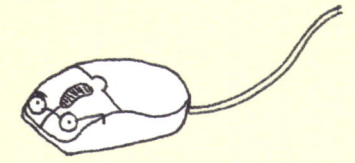

똑똑 활동!

우리는 숫자를 1의 자리, 10의 자리, 100의 자리 등으로 나누어요. 일상에서 보통 십진법(10을 기수로 하는 수 체계)을 사용하기 때문이죠. 십진법은 각 자리가 10배씩 커져요!

4,325는 자리에 따라 아래처럼 나누어져요.

1000의 자리	100의 자리	10의 자리	1의 자리
4	3	2	5

그러나 컴퓨터는 2를 기수로 삼는 이진법을 사용해요. 이진법에서는 각 자리가 10배가 아니라 2배씩 커지지요.

2^5의 자리	2^4의 자리	2^3의 자리	2^2의 자리	2의 자리	1의 자리
×2	×2	×2	×2	×2	

이진법에서 1을 표현하려면 십진법과 마찬가지로 1의 자리에 1을 적으면 돼요. 그러나 2는 2의 자리에 1을 적고, 1의 자리에 0을 적어 '10'으로 써요.

2^5의 자리	2^4의 자리	2^3의 자리	2^2의 자리	2의 자리	1의 자리
				1	0

이진법에서 7을 표현하려면 2의 거듭제곱들을 합해 7을 만들면 돼요. 7은 1, 2, 4를 더하면 되므로, 2^2의 자리에 1을, 2의 자리에 1을, 1의 자리에 1을 써서 '111'로 적어요.

2^5의 자리	2^4의 자리	2^3의 자리	2^2의 자리	2의 자리	1의 자리
			1	1	1

18은 16과 2를 더하면 만들어지므로, 2^4의 자리에 1을, 2^3의 자리와 2^2의 자리에 0을, 2의 자리에 1을, 1의 자리에 0을 적으면 돼요. 즉, '10010'이 되지요.

2^5의 자리	2^4의 자리	2^3의 자리	2^2의 자리	2의 자리	1의 자리
	1	0	0	1	0

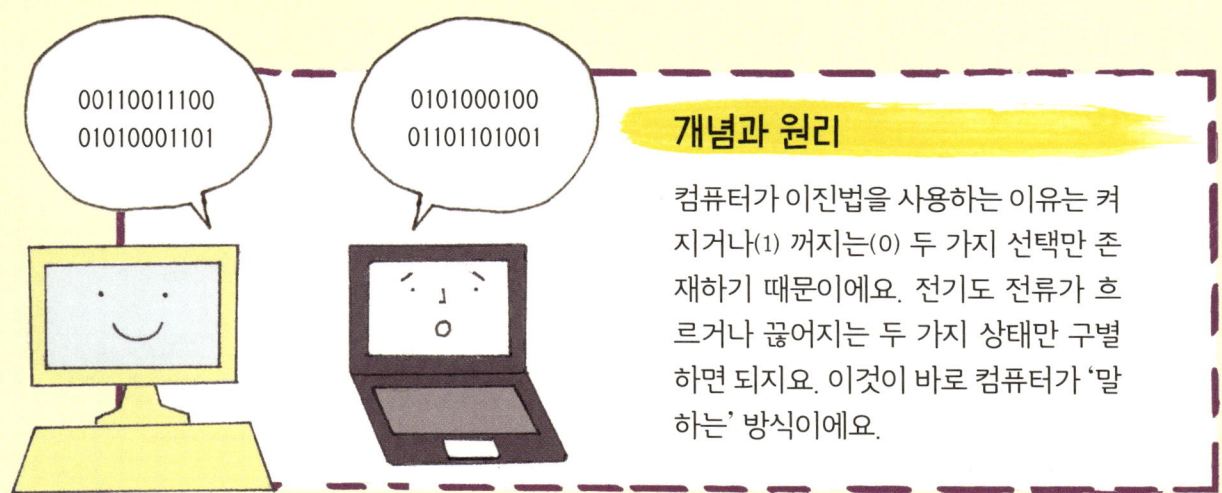

개념과 원리

컴퓨터가 이진법을 사용하는 이유는 켜지거나(1) 꺼지는(0) 두 가지 선택만 존재하기 때문이에요. 전기도 전류가 흐르거나 끊어지는 두 가지 상태만 구별하면 되지요. 이것이 바로 컴퓨터가 '말하는' 방식이에요.

똑똑 활동!

표의 양옆에 적힌 수들을 이진수로 바꾼 뒤 빈칸을 색칠해 표현해요. 1은 검게 칠하고, 0은 그대로 두어요. 이 표는 반으로 나뉘어 있어서 2^4의 자리, 즉 다섯째 자리까지만 표현할 수 있어요. 31보다 큰 수는 쓸 수 없지요. 어떤 그림이 보이나요?

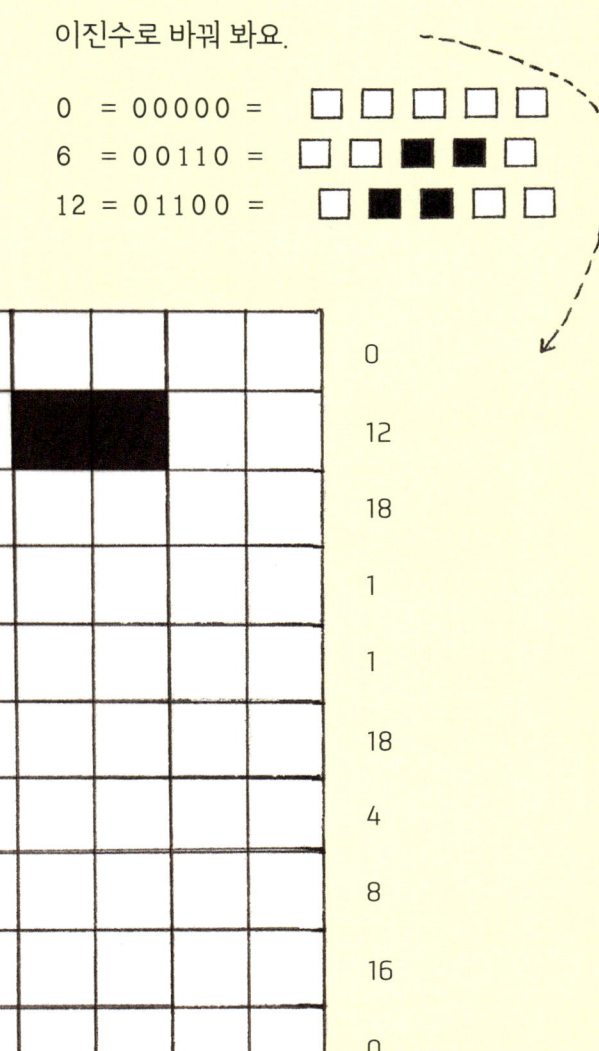

정답은 94쪽에 있어요.

논리 1
스도쿠 퍼즐

똑똑 활동!

오른쪽의 스도쿠 퍼즐을 풀어 보아요. 굵은 선으로 나뉘어진 격자 안에 1부터 4까지 모두 들어가야 해요. 또 가로줄과 세로줄에도 숫자 4개가 꼭 한 번씩 들어가야 하지요.

	2	4	
1			3
4			
		1	3

똑똑 활동!

이번에는 1부터 6까지 6개의 숫자를 채워 볼까요? 규칙은 위의 퍼즐과 똑같아요.

	2	4			6
	6			3	4
5			6		
6		1	5		3
2		3			
				1	

똑똑 활동!

자, 이젠 9개의 격자로 이루어진 스도쿠 퍼즐에 도전해 보아요! 가로줄과 세로줄마다 1부터 9까지 9개의 숫자가 한 번씩 들어가는지 꼭 확인해 보아요.

정답은 95쪽에 있어요.

개념과 원리

스도쿠 퍼즐은 가로줄과 세로줄 각각의 칸에 숫자가 겹치지 않게 적어 넣는 수학 게임이에요. 수학자 오일러가 고안한 '마방진 게임'에서 유래되었지요. 가로줄과 세로줄의 수를 줄이거나 늘려 난이도를 조절할 수 있으며, 숫자 대신 알파벳이나 도형, 기호를 쓰기도 한답니다.

논리 2
진실과 거짓 게임

똑똑 활동!

거짓말쟁이 악당은 몇 명일까요?

'악몽의 성'에 사는 명예로운 기사는
언제나 진실만을 말해요. 하지만
악당은 늘 거짓말만 하지요.
그런데 불행하게도 두 사람의
차림새가 똑같지 뭐예요.

데릭이 바로 착한 척하는 악당이야!

우리는 '악몽의 성'에서 데릭과 제이슨을 만났어요.
둘은 서로 상대방이 거짓말을 하는 악당이라고 주장했어요.
과연 거짓말을 하는 악당은 몇 명일까요?
1명? 아니면 둘 다일까요?

이 문제는 여러분이 선택할 수 있는 경우의 수를 머릿속으로 꼽아 보거나 종이에 써 보면 쉽게 풀 수 있어요. 예를 들어 제이슨이 진실을 말한다고 가정한 뒤, 그에 따라 데릭이 기사인지 악당인지 따져 보는 거지요. 또 반대의 경우도 생각해 보고요. 이 과정에서 여러분은 악당이 몇 명인지 알 수 있을 거예요.

정답은 95쪽에 있어요.

제이슨이야말로 못된 거짓말쟁이야! 교활한 악당!

개념과 원리

논리적 추론은 알고 있는 사실을 바탕으로 어떤 판단을 끌어내는 방법이에요. 예를 들어 'A-사람은 동물이다. B-나는 사람이다. C-따라서 나는 동물이다.'처럼 이미 참으로 밝혀진 A를 근거로 새로운 정보 C를 얻는 것이지요. 추론은 일상생활에서 많이 나타나는 사고방식이며, 자연 과학·사회 과학 등 여러 분야에서도 폭넓게 활용되고 있답니다.

난 꽤 논리적인 동물인걸?

논리 3

님 게임

똑똑 활동!

61쪽의 님(Nim) 조각을 오린 뒤 59쪽의 놀이를 해 보아요.

스승님, 제게 님 게임의 비결을 가르쳐 주십시오.

님 게임의 고수가 되려면 먼저 님의 합의 비밀을 이해해야 해요.

먼저 십진수를 이진수로 바꾸는 연습부터 하고 오너라. 어서 38쪽으로 돌아가서 이진법을 충분히 익히도록 하거라. 메뚜기처럼 펄쩍 뛰어가지 않고 뭘 하는 게야?

이진법을 충분히 익혔다면, 오른쪽에 펼쳐 놓은 님 조각의 개수를 각각 이진수로 바꿀 수 있을 거예요. 4는 100, 5는 101, 3은 11이 되지요. 이해가 되나요?

이진수들을 같은 자리의 수끼리 더한 다음, 각각의 값이 짝수인지 홀수인지를 확인해요.
값이 2, 1, 2이므로 짝수, 홀수, 짝수라는 것을 알 수 있어요.

이제 짝수들은 0으로, 홀수들은 1로 바꿔 써요. 이 결과가 바로 님의 합(Nim sum)이랍니다.
위 경우는 님의 합이 010이에요.

이제 님 게임의 비법을 알려 줄게요.

여러분이 자신의 차례에서 이길지 혹은 질지는 님의 합을 보면 바로 알 수 있어요.
만약 모든 수가 0이면 지게 되고, 1이 하나라도 있다면 승리해요.

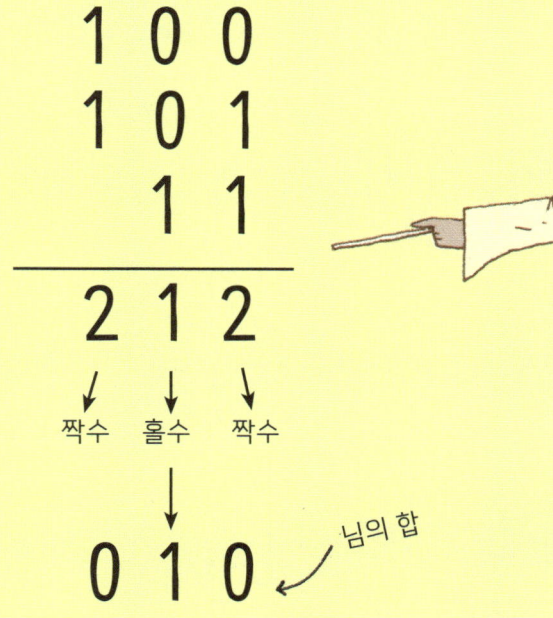

개념과 원리

님의 합은 일상생활에서 잘 사용하지 않아요. 그러나 이진법을 사용하는 컴퓨터에서는 님의 합을 토대로 여러 가지 명령을 처리하지요.

게임에서 이기려면 상대방의 님의 합을 모두 0으로 만들어야 해요. 왼쪽 그림을 예로 들면, 여러분이 자기 차례가 되었을 때 마지막 줄에서 님 조각 2개를 가져오면 모든 자리의 값이 짝수가 되면서 상대방의 님의 합이 000이 된답니다. 이제 여러분은 님 게임의 고수가 된 거예요!

수학 놀이 1

돼지 주사위 놀이

돼지 주사위 놀이를 해 보아요.
마지막에 웃는 돼지는 누구일까요?

똑똑 활동!

85쪽의 전개도를 오려 놀이에
필요한 주사위 2개를 만들어요.

똑똑 활동!

놀이를 하려면 친구가 1명 이상
필요해요. 점수를 적을 연필과
종이도 준비해야 하지요.

첫째

자신의 차례가 오면 주사위 2개를 동시에
굴려요. 이때 나온 2개의 숫자를 합해서
종이에 기록해요.

둘째

주사위의 합이 100이 될 때까지 계속 굴려요.
가장 먼저 100을 만드는 사람이 승자가 되지요.

둘 다 6이라니,
운이 없군!

셋째

단, 주사위 가운데 하나가 6이 나오면 해당 점수는 0이 돼요.
그리고 두 주사위가 모두 6이면 지금껏 모은 점수가 사라진답니다.
주사위를 던졌을 때 6이 나오는 순간, 누구도 결코 웃지 못할 거예요!

똑똑 활동!

돼지 주사위 놀이를 이기려면 전략이 필요해요. 예를 들면 두 주사위의 합이 8 이상 나올 가능성은 얼마인지, 주사위를 최소 몇 번을 굴려야 합이 100이 될지를 수학적으로 따져 보는 거지요. 여러분은 어떤 전략을 세울 건가요?

제발…, 6이 나오지 않기를!

개념과 원리

돼지 주사위 놀이는 일종의 확률 게임이에요. 어떤 일이 일어날 가능성을 '확률'이라고 하는데, 보통 분수로 나타내요. 예를 들어 주사위를 굴릴 때 나올 수 있는 숫자가 6개이므로, 6이 나올 확률은 1/6이에요. 그런데 주사위 2개를 동시에 던진다면 나올 수 있는 숫자 조합이 36가지로 늘어나지요. 따라서 주사위 2개가 모두 6이 나올 확률은 1/36이랍니다.

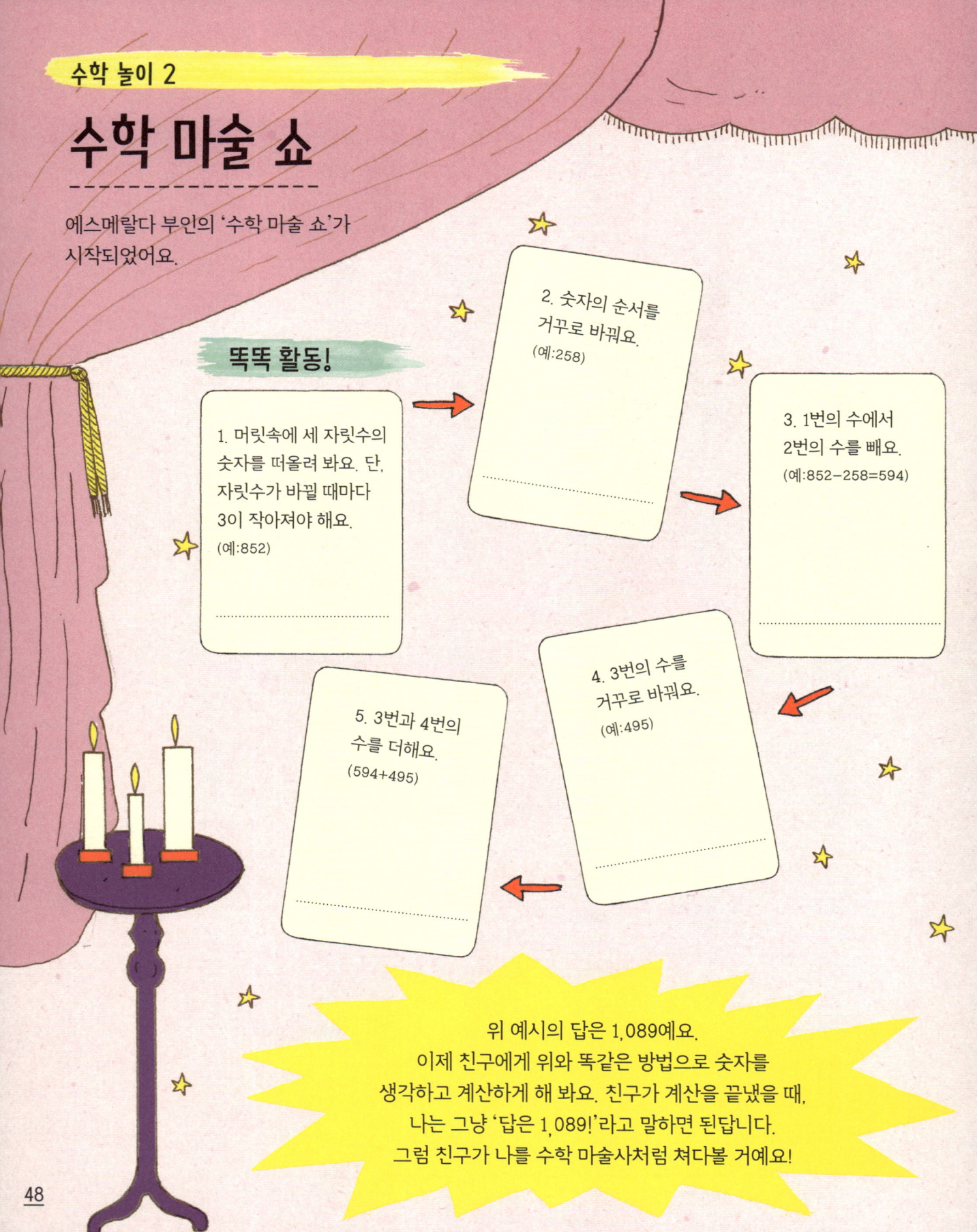

똑똑 활동!

87쪽의 수학 마술 카드를 오려요.

첫째

친구에게 1부터 31까지의 수 가운데 하나를 마음속으로 생각해 보라고 해요.

둘째

카드를 모두 펼친 뒤 친구가 생각했던 수가 포함된 카드를 가리키라고 해요. 물론 친구는 자신이 생각한 수를 절대 말해선 안 돼요. 예를 들어 친구가 19를 생각했다면, 아마 4번, 1번, 0번 3장의 카드를 가리킬 거예요.

셋째

친구가 가리킨 카드들의 첫 번째 수 3개를 마음속으로 더해요. 친구가 생각한 수는 바로 16, 2, 1을 합한 값이랍니다. 여러분이 그 수를 맞히면 친구는 깜짝 놀랄 거예요!

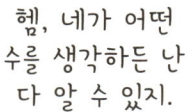

헴, 네가 어떤 수를 생각하든 난 다 알 수 있지.

개념과 원리

혹시 수학 마술 카드의 첫 번째 수 16, 8, 4, 2, 1을 보고 눈치챘나요? 이 수들은 모두 2의 거듭제곱, 곧 이진법의 자릿값이에요! 친구는 자신이 생각한 수가 포함된 카드를 가리켰을 뿐이지만, 결과적으로는 자신이 생각한 수를 이진법으로 어떻게 나타내는지 알려 준 셈이랍니다.

수학 놀이 3

총 빨리 뽑기

말을 타고 황야를 누비는 계산 총잡이를 위한 게임이에요.
게임을 하려면 적어도 2명의 친구가 필요하고, 진행자도 있어야 해요.

똑똑 활동!

첫째

게임에 참가하는 2명의 결투자가 등을 맞대고 서요. 그러면 진행자가 시작하는 수를 외쳐요. 여기서는 '32'를 외쳤다고 가정할게요.

둘째

진행자는 사칙 연산 기호와 숫자를 임의로 정해 외쳐요. 예를 들면 '빼기 16', '더하기 4', '나누기 5'라고 하는 거죠. 결투자들은 진행자가 사칙 연산을 하나씩 외칠 때마다 상대방과 멀어지도록 한 발짝씩 앞으로 걸어가요.

셋째

결투자들은 머릿속으로 진행자가 외치는 사칙 연산을 계산해요. 위의 예시대로 32 빼기 16, 더하기 4, 나누기 5를 하면 답은 4예요. 진행자는 자신이 원하는 만큼 사칙 연산을 외친 뒤, '뽑아라!' 하고 소리쳐요.

넷째

그러면 결투자들이 돌아서며 각자 계산한 답을 외쳐요. 정확한 답을 먼저 말한 사람이 승자랍니다.

다섯째

두 결투자가 동시에 답을 맞혔다면 다시 겨루어요. 만약 한 사람이 틀리거나 늦게 외쳤다면 바로 탈락이지요. 그리고 승자는 다른 결투자와 상대해 대결을 펼쳐요.

도움말

진행자는 문제와 답을 미리 적어 놓는 것이 좋아요. 그렇지 않으면 게임을 진행하면서 머릿속으로 계산도 해야 하기 때문에 어렵고 복잡할 테니까요.

개념과 원리

이 게임은 사칙 연산인 더하기, 빼기, 곱하기, 나누기 속셈 능력을 키워 주는 놀이예요. 머릿속으로 계산하는 것을 꾸준히 연습하면 누구든 빠르고 뛰어난 계산 총잡이가 될 수 있어요!

나만의 수학 실험실!

페이지를 오려서 직접 해 보아요.
찢고, 잘라 내고, 접고, 붙이면서 수학 원리를 배워요.

종이접기 작품 만들기

종이를 접고 오려서 아름다우면서도 수학적으로
멋진 대칭을 이루는 작품을 만들어 보아요.

패턴 실험실

똑똑 활동!

첫째

55쪽에 있는 종이 1을 바깥 선대로 오려요.
문양이 바깥쪽으로 보이게 반으로 접어
삼각형 모양을 만들어요.

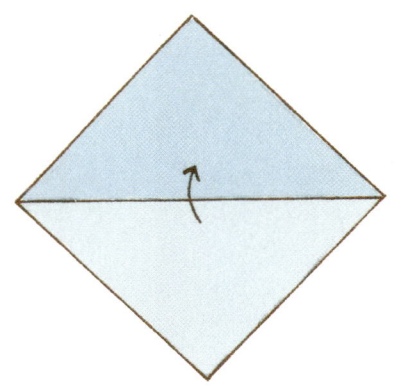

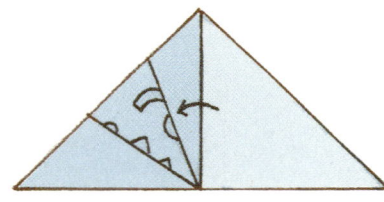

둘째

다시 한번 반으로 접어
더 작은 삼각형으로 만들어요.
이때도 문양이 바깥쪽에 보여야 해요.

셋째

문양이 보이지 않게 삼각형을 뒤집어요.
그리고 실선에 맞춰 오른쪽과 왼쪽에서
각각 안으로 접어요. 조각을 다시 뒤집으면
문양이 나타날 거예요.

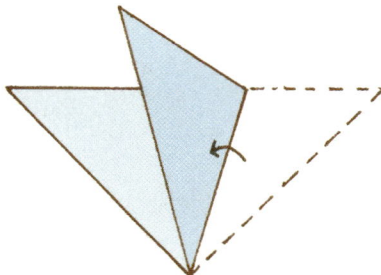

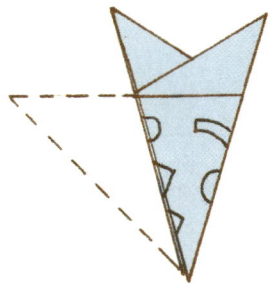

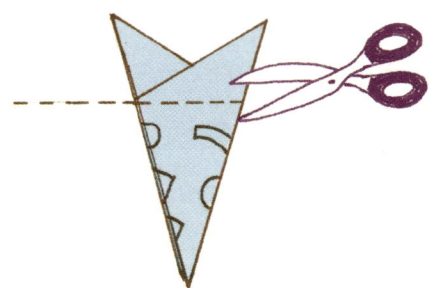

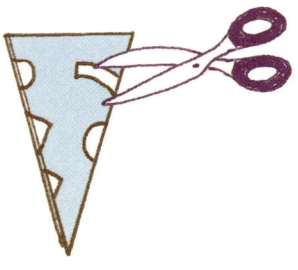

넷째

그림의 점선처럼 윗부분을
자른 뒤, 문양을 오려 내요.
그런 다음 종이를 펼치면
멋진 종이접기 작품 완성!

똑똑 활동!

꽃잎이 5개인 꽃을 만들어 보아요.

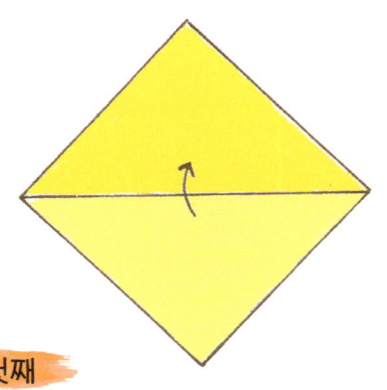

첫째
57쪽의 종이 2를 오린 다음, 반으로 접어 삼각형 모양을 만들어요.

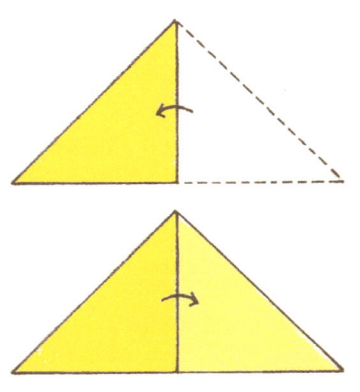

둘째
한 번 더 반으로 접었다가 다시 펼치면 삼각형의 가운데에 접힌 선이 생겨요.

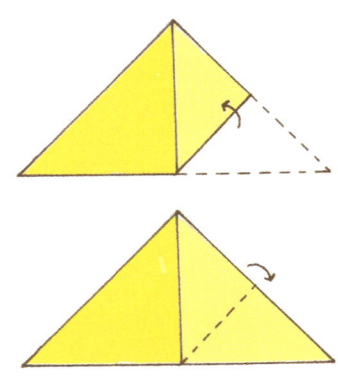

셋째
그림처럼 오른쪽 아랫부분의 꼭짓점을 위로 접어 올렸다 펼치면 오른쪽 삼각형 가운데에 접힌 선이 생겨요.

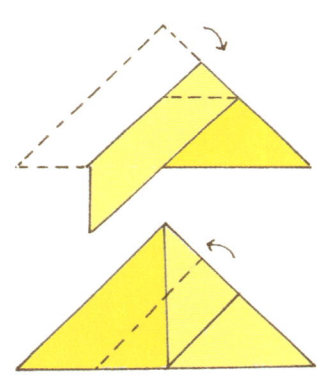

넷째
삼각형의 왼쪽 빗변을 바로 앞 단계에서 생긴 선에 맞춰 접었다 펼쳐요. 그럼 오른쪽 빗변의 1/4 지점에서 시작되고, 왼쪽 빗변과 평행을 이루는 직선이 나타나지요.

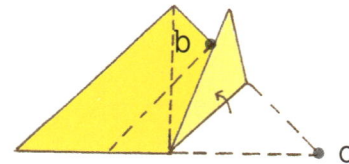

다섯째
오른쪽 아래의 꼭짓점(a)을 앞 단계에서 생긴 오른쪽 빗변의 1/4 지점(b)까지 접어 올려요.

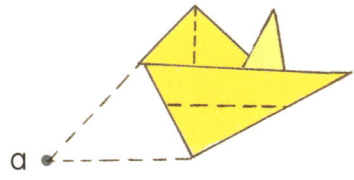

여섯째
그림처럼 왼쪽 아래의 꼭짓점(a)을 들어 올려서 오른쪽 모서리에 맞춰 접어요.

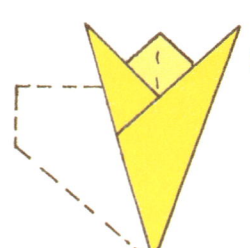

일곱째
왼쪽으로 조금 돌려 세운 뒤 왼쪽 모서리가 오른쪽 모서리에 가 닿도록 뒤로 접어요.

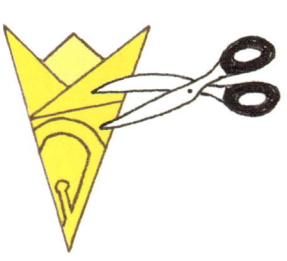

여덟째
도안을 그린 뒤 오려 내요. 펼치면 꽃 모양이 된답니다.

종이접기 종이 1

패턴 실험실

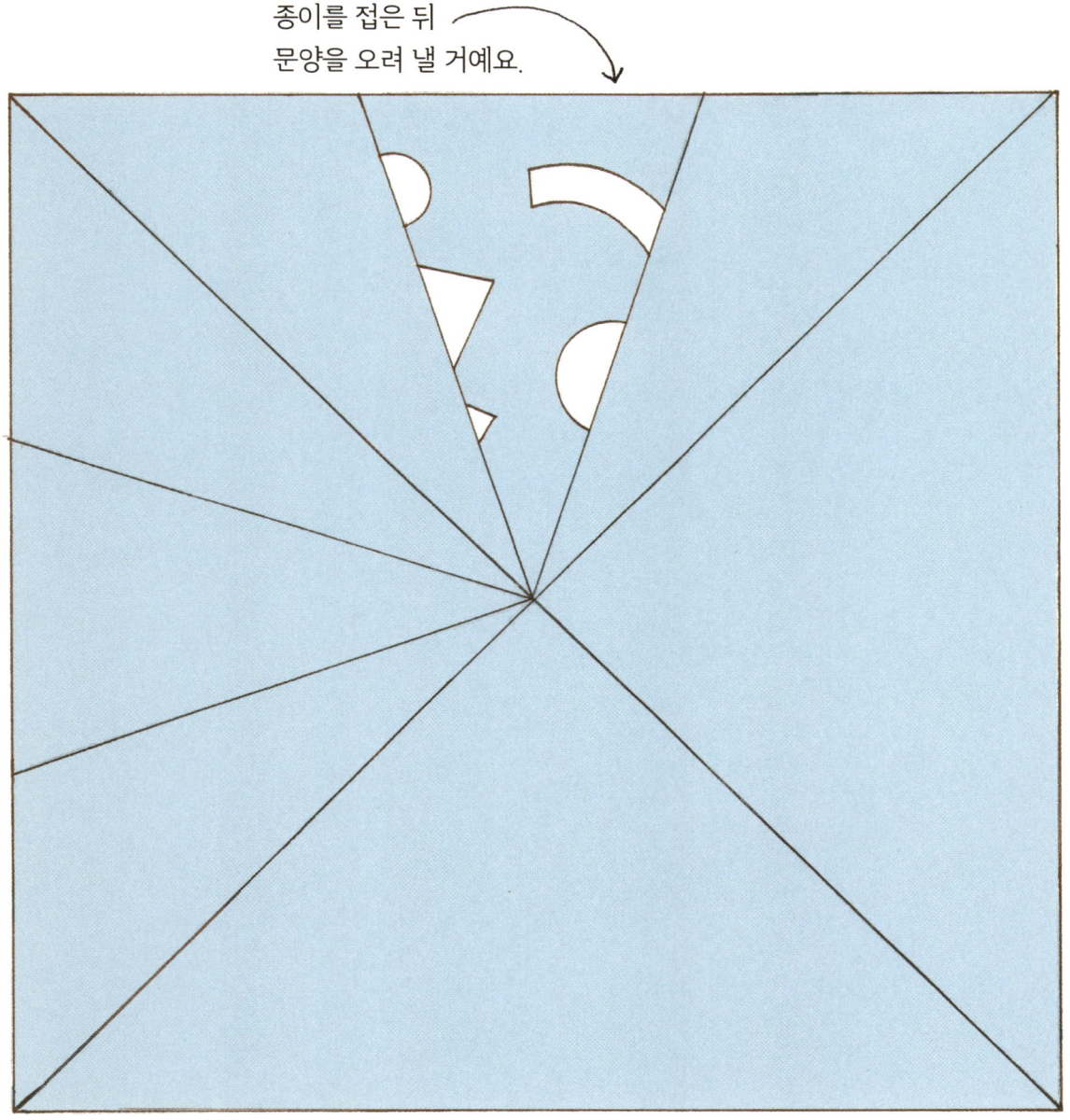

종이를 접은 뒤 문양을 오려 낼 거예요.

위 그림은 육각형을 기본 구조로 하는 십이각형 도안이에요.
눈의 결정은 모양이 아주 다양하지만 기본 구조는 대개 육각형이랍니다.
위 도안이 육각형이 되려면 윗부분을 어떻게 잘라야 할지 생각해 보아요.

종이접기 종이 2

패턴 실험실

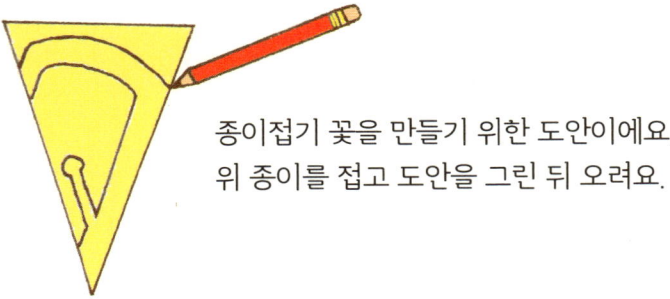

종이접기 꽃을 만들기 위한 도안이에요.
위 종이를 접고 도안을 그린 뒤 오려요.

님 게임

논리 실험실

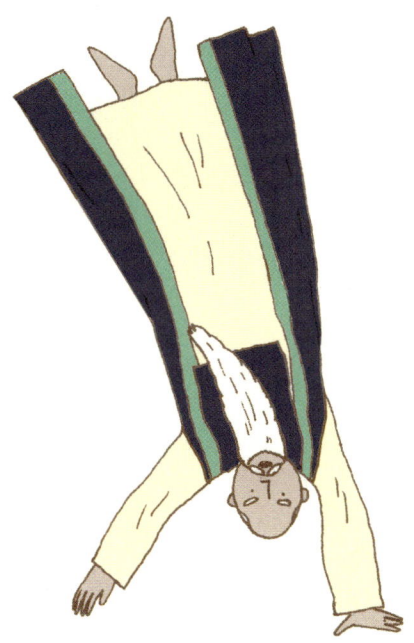

메뚜기 군, 안녕?
님 게임의 고수가 되려면 먼저
고대의 님 게임부터 배워야 하지.
자, 준비됐으면 시작해 볼까?

똑똑 활동!

61쪽의 님 조각들을 오려요.

가로줄의 수와 님 조각의 개수는 여러분 마음대로 정할 수 있어요.
따라서 님 조각들을 전부 사용할 필요는 없답니다.
여기서는 님 조각이 각각 4개, 5개, 3개인 가로줄 3개를 만들어요.

59

참가자들은 자신의 차례가 되면 님 조각들을 가져가요.
같은 줄에서만 님 조각을 빼야 하며, 그 개수는 몇 개가 되든 상관없어요. 단, 적어도 조각 1개는 반드시 가져가야 하지요.
여기서는 여자아이가 둘째 줄에서 2개의 님 조각을 가져갔어요.

남자아이는 셋째 줄에서
3개의 님 조각을 가져갔어요.

마지막에 님 조각을
가져가는 사람이 승자예요.

똑똑 활동!

점선을 따라 님 조각들을 오려요.

논리 실험실

하노이 탑 퍼즐

논리 실험실

베트남의 하노이에 있는 한 사원에는 전해 내려오는 전설이 있어요. 사원에 3개의 다이아몬드 막대가 있고, 그 가운데 한 막대에는 황금 원판 64개가 크기 순서대로 끼워져 있는데 이 원판들을 어느 한 막대로 모두 옮기면 세상이 끝난다는 전설이지요! 단, 원판은 한 번에 1개만 옮길 수 있고, 작은 원판 위에 큰 원판을 올릴 수 없지요. 자, 우리도 하노이 탑 퍼즐에 도전해 볼까요?

똑똑 활동!

첫째

65쪽의 원판 4개와 번호표를 모두 오려요.

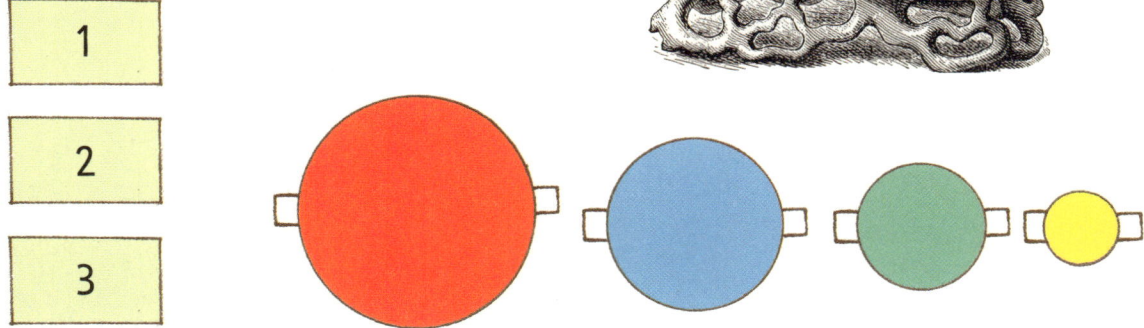

둘째

탁자나 평평한 바닥 위에 '막대'에 해당하는 번호표 3개를 차례로 놓아요. 원판들을 한꺼번에 모아 막대 1 가까이에 늘어놓아요. 그리고 가장 작은 원판이 맨 위에 오도록 원판을 크기 순서대로 쌓아 올려요.

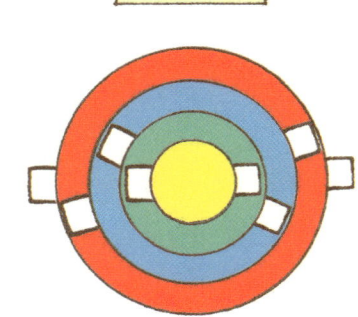

셋째

이제 원판들을 막대 1에서 막대 3으로 차례차례 옮겨요.

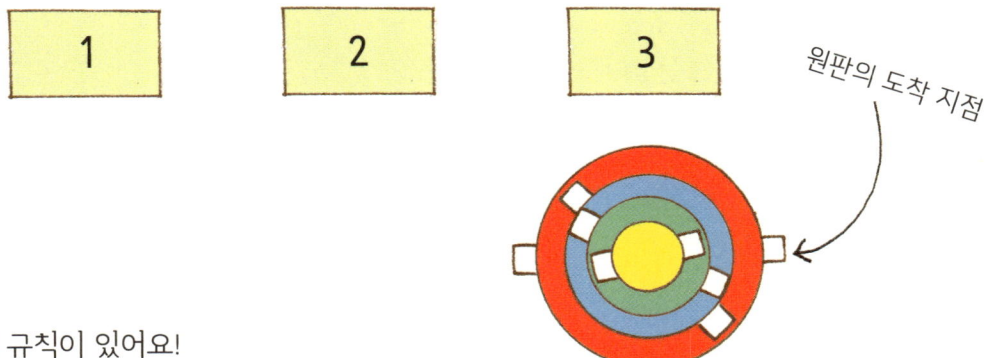

원판의 도착 지점

단, 두 가지 규칙이 있어요!

1. 원판은 한 번에 1개만 옮길 수 있어요.
2. 작은 원판 위에 큰 원판을 올릴 수 없어요.

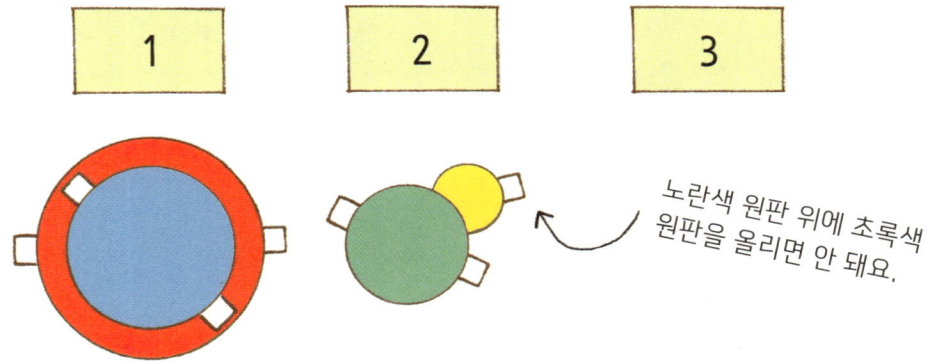

노란색 원판 위에 초록색 원판을 올리면 안 돼요.

4개의 원판을 막대 1에서 막대 3으로 모두 옮기려면 원판을 최소 몇 번 움직여야 할까요?

정답은 95쪽에 있어요.

개념과 원리

하노이 탑 퍼즐은 원판의 최소 이동 횟수를 계산하는 문제예요. 이렇게 여러 단계를 거쳐 문제를 해결해 나가는 과정이나 순서를 '알고리즘'이라고 한답니다.

논리 실험실

쪽매맞춤 사각형

도형 실험실

똑똑 활동!

아래의 사각형들을 오려서 6쪽의
동물 모양 쪽매맞춤을 만드는 데 사용해요.

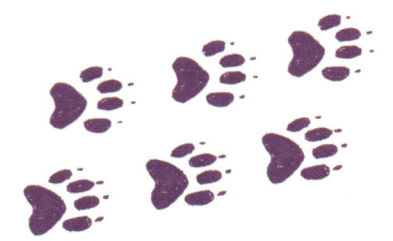

스키테일 종이테이프

똑똑 활동!

첫째

오른쪽의 종이테이프를 오려요.

둘째

보통 두께의 연필을 준비해요.

셋째

오려 둔 종이테이프를 연필에 둘둘 감아요. 그림이 잘 보이도록 종이테이프가 겹치지 않아야 해요. 또 빈틈이 생겨서도 안 돼요.

넷째

종이테이프의 빈칸에 나만의 비밀 메시지를 적어요. 35쪽에 자세한 설명이 나와 있어요.

코드와 암호 실험실

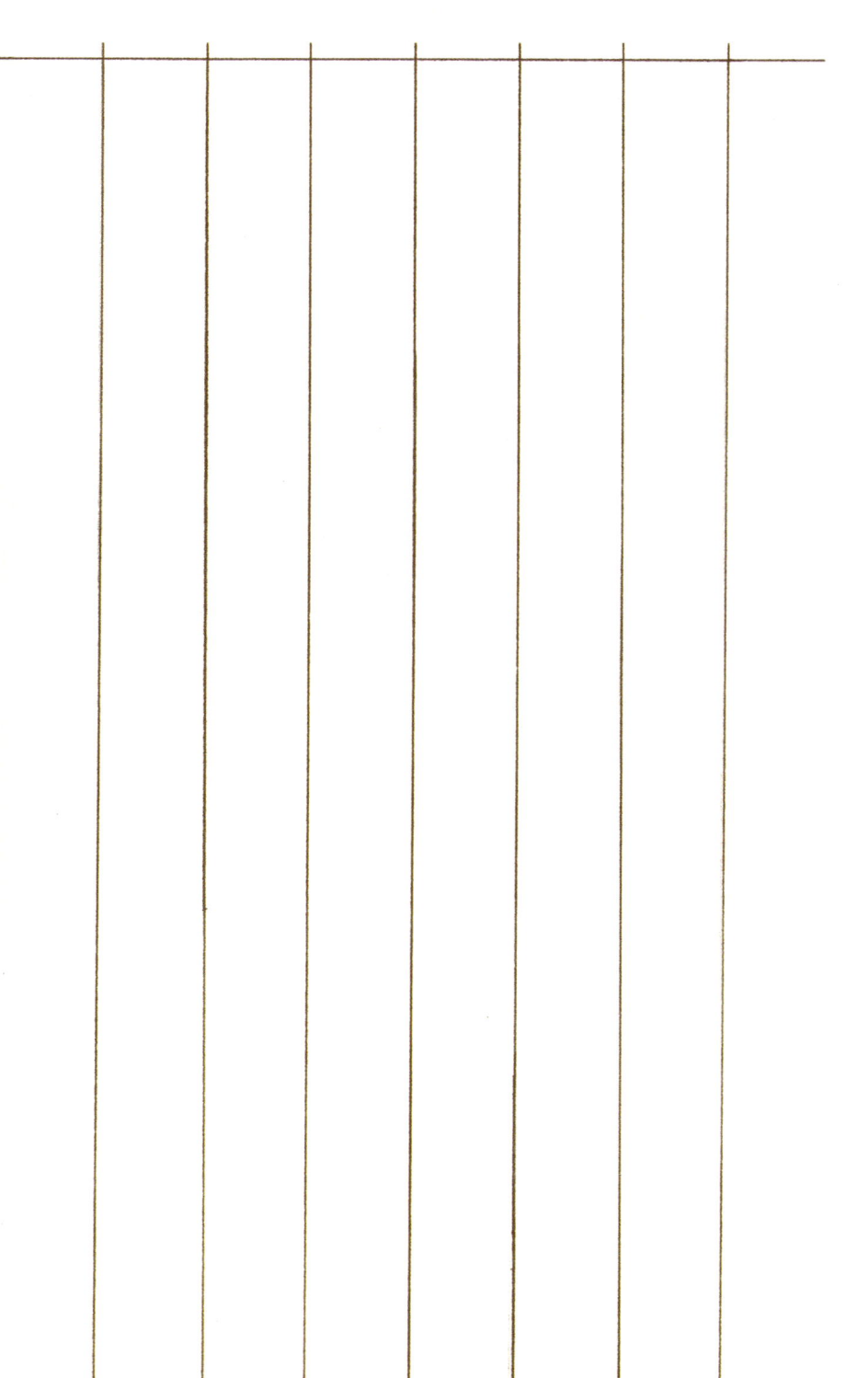

원근 착시

도형 실험실

원근법은 한 시점에서 본 물체를 눈에 보이는 그대로 멀고 가까움이 느껴지도록 표현하는 방법이에요. 그래서 우리 뇌는 멀리 있는 물체는 작고, 가까이 있는 물체는 크다고 생각하지요. 원근법은 그림 기법이기도 하지만 기하학적 이론에 기초한 수학이랍니다.

오른쪽 그림에서 어느 나무가 더 큰가요? 뒤에 있는 나무가 더 크다고 생각했다면 아니에요. 두 나무의 크기는 똑같답니다.

똑똑 활동!

72쪽의 나무와 풍경 그림들을 사용해 원근 착시를 실험해 보아요.
먼저 나무 2그루를 오린 다음, 풍경 그림의 길 위에 간격을 벌려 배치해요.
두 나무는 각각 어떻게 보이나요? 크기를 비교해 보아요.

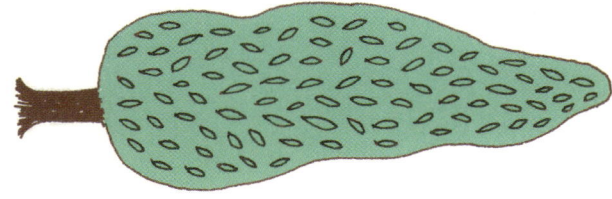
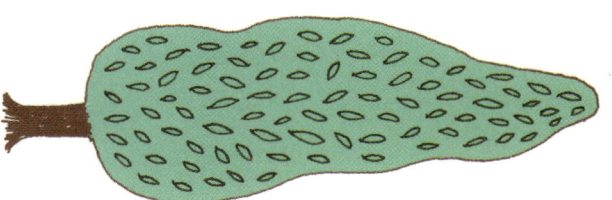

신기한 육각형

도형 실험실

마술처럼 면이 바뀌는 육각형을
만들어 보아요. 가위와 풀이 필요해요.

똑똑 활동!

75쪽에 있는 육각형 전개도 가운데
색이 칠해져 있는 것을 오려요.

첫째

가운데 선을 따라 전개도를 길게 접은 뒤
풀로 꼼꼼 붙여서 납작한 종이띠를 만들어요.
풀이 완전히 마를 때까지 기다려요.

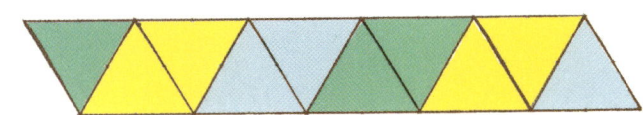

둘째

볼펜이나 버터 바르는 칼 등을 사용해 실선
위를 꾹꾹 눌러 주어요. 그런 다음 선을 따라
앞뒤로 몇 번씩 접어 종이띠를 부드럽게
만들어요.

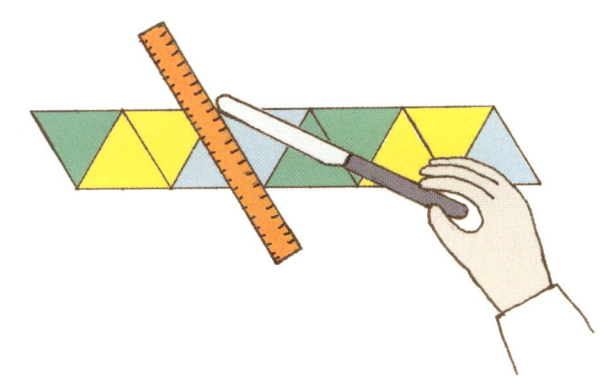

셋째

초록색 삼각형이 맨 왼쪽에 오도록
종이띠를 놓아요.

73

넷째

바로 앞 단계의 종이띠에서 세 번째 자리의 노란색 삼각형 ③과 네 번째 자리의 하늘색 삼각형 ④ 사이의 선을 따라 종이띠를 뒤로 접으면 오른쪽 그림과 같은 모양이 나와요.

다섯째

위 단계에서 다섯 번째 자리의 노란색 삼각형 ⑤와 여섯 번째 자리의 하늘색 삼각형 ⑥ 사이의 선을 따라 뒤로 접어 내려요. 그러면 오른쪽의 종이띠 모양이 돼요.

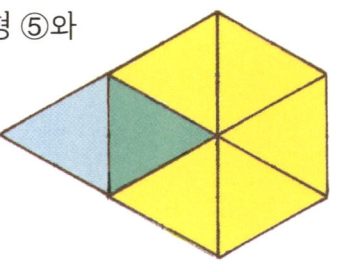

여섯째

초록색 삼각형을 아래쪽 노란색 삼각형 뒤로 밀어 넣어요. 그런 다음 뒤집어서 2개의 회색 삼각형을 풀로 맞붙인 뒤 마를 때까지 기다려요.

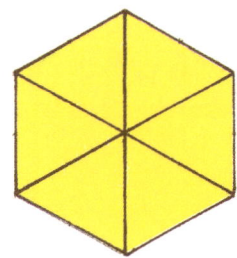

일곱째

이제 육각형의 색깔을 바꿔 볼까요? 오른쪽 그림처럼 3개의 꼭짓점을 번갈아 선택해 아래로 한 점에 모아 집어요. 그러고 나서 가운데 꼭대기 부분을 열어 펼치면 다른 색깔의 면이 나타나지요.

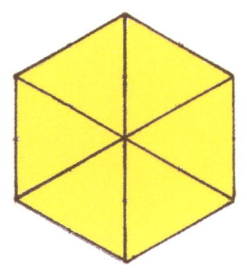  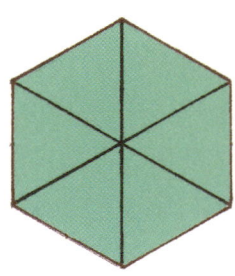

나만의 신기한 육각형을 만들고 싶다면 나머지 전개도의 빈 면을 자유롭게 색칠하고 무늬도 그려 넣어요. 먼저 육각형을 만든 뒤 일곱째 단계에서 새로운 면이 나올 때 색칠하는 것도 좋아요.

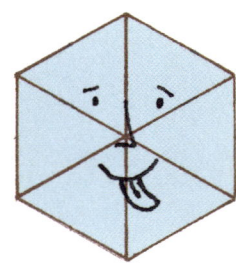

헷갈리는 뫼비우스의 띠

도형 실험실

내가 생각해 낸 이 띠가 사람들의 정신을 쏙 빼놓았지, 호호!

똑똑 활동!

79쪽의 종이띠를 각각 오려 낸 뒤 풀과 가위를 준비해요. 놀라운 뫼비우스의 띠 마술을 시작해 볼까요?

첫째

1번 종이띠를 잡고 한쪽 끝을 반 바퀴 돌려 다른 쪽 끝에 풀로 붙여요.

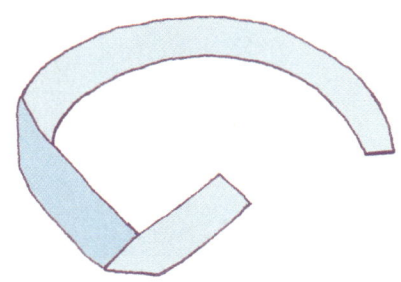

둘째

종이띠의 가운데를 지나는 숫자 1을 따라가며 가위로 잘라 봐요. 어떤 일이 벌어졌나요?

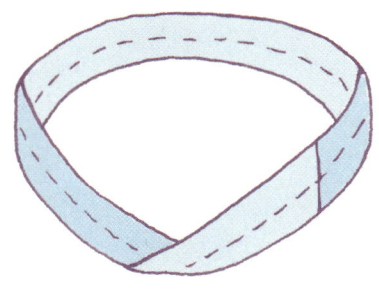

셋째

2번 종이띠의 한쪽 끝을 한 바퀴 돌린 뒤 양끝을 풀로 붙여 연결해요.

넷째

마찬가지로 종이띠의 가운데를 지나는 숫자 2를 따라가며 가위로 잘라 봐요. 이번에는 어떤 일이 일어났나요?

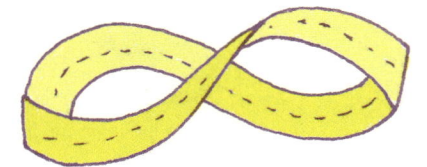

다섯째

3번 종이띠의 한쪽 끝을 반 바퀴 돌린 다음 양 끝을 풀로 붙여요.

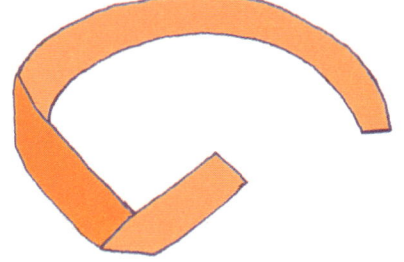

여섯째

종이띠의 테두리에 가까이 있는 숫자 3을 따라가며 가위로 잘라 봐요. 이번에는 1번이나 2번 때보다 더 길게 잘라질 거예요.

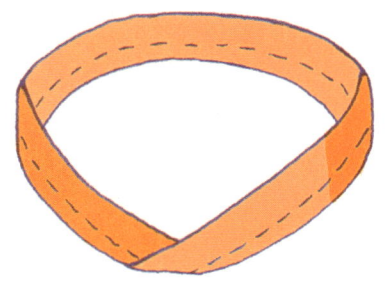

일곱째

4번과 5번 종이띠를 직각으로 잡아요. 그런 다음 두 종이띠가 만나는 부분을 풀로 붙여 봐요.

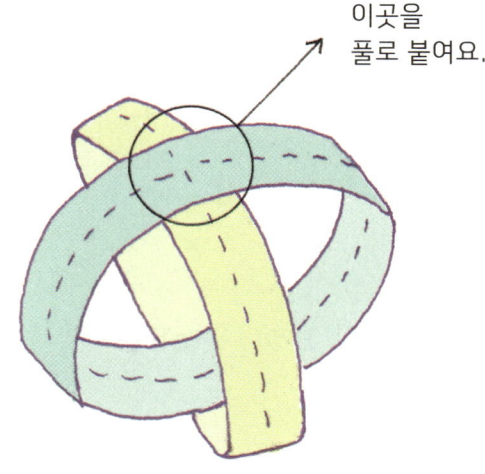

이곳을 풀로 붙여요.

여덟째

두 종이띠의 가운데 선을 각각 잘라요. 이번에는 어떤 결과가 나오나요?

정말 이상한걸…? 분명 이곳에 왔던 것 같은데…!

뫼비우스의 띠는 독일의 수학자 아우구스트 뫼비우스가 발견했어요. 뫼비우스의 띠는 면도 하나, 테두리도 하나뿐이지요. 뫼비우스의 띠는 상식을 벗어나는 위상 기하학 도형의 대표적인 예랍니다.

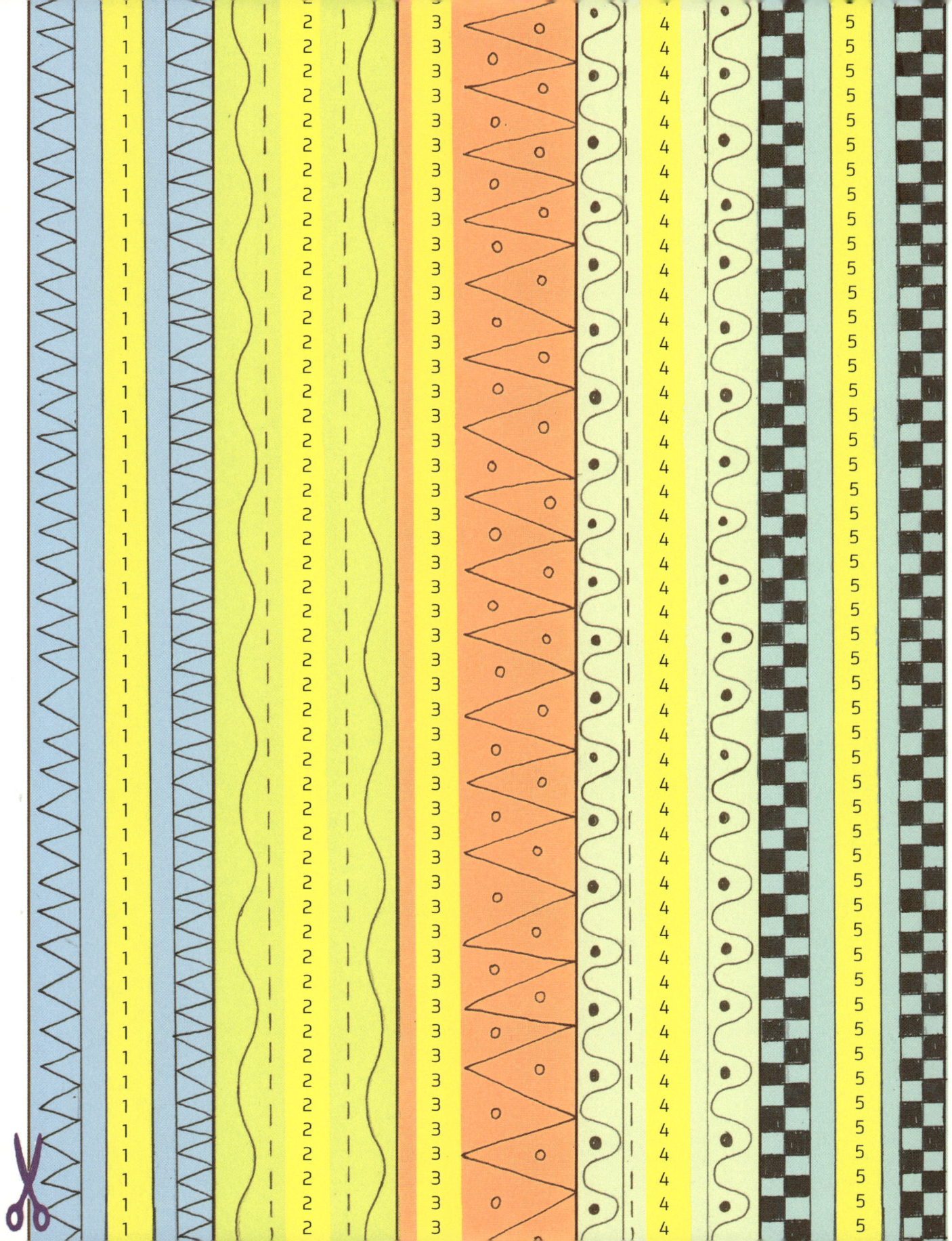

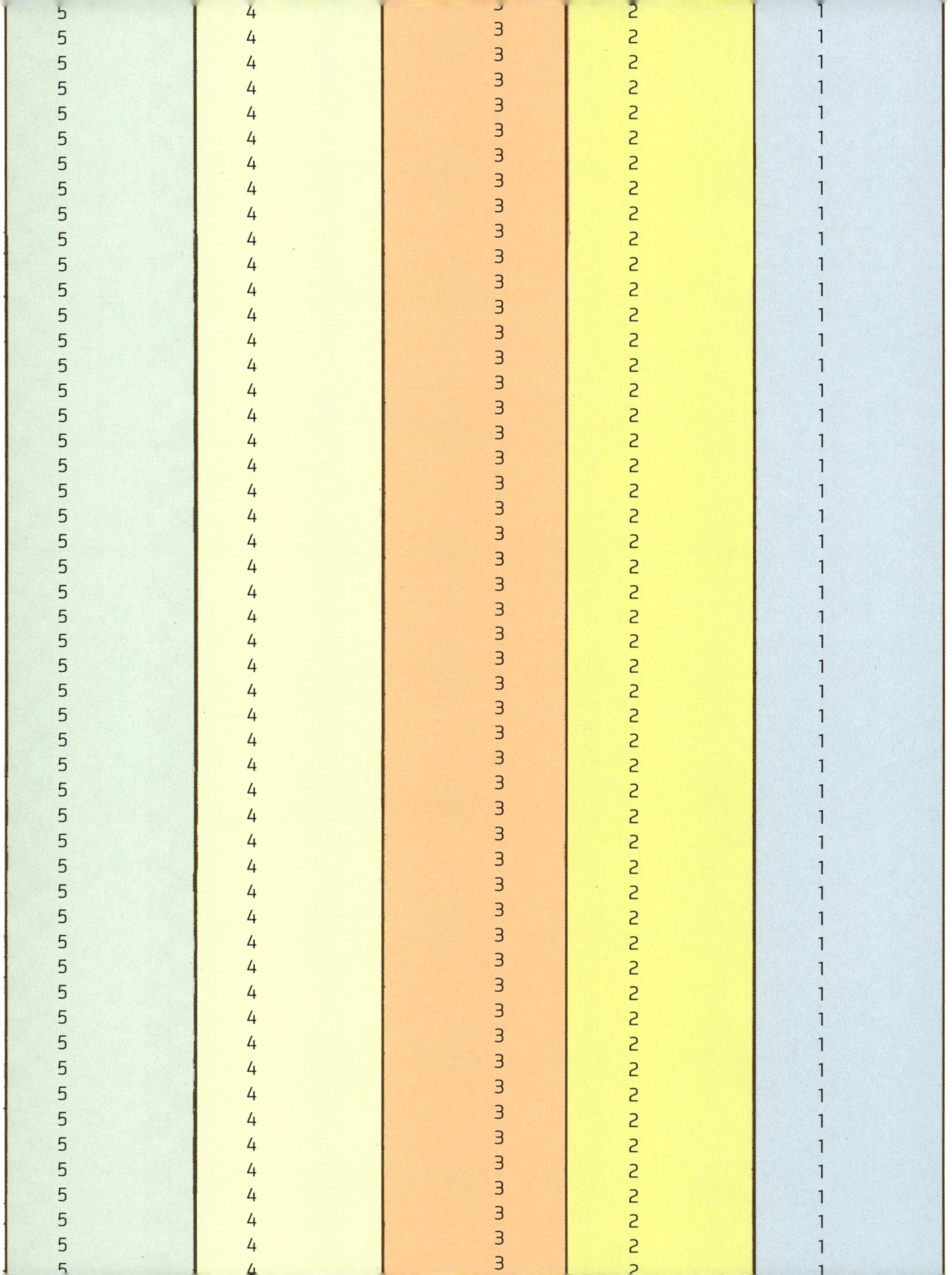

종이 다면체

똑똑 활동!

삼차원 입체 도형인 '다면체'를 만들어 봐요. 마음껏 색칠하고, 오리고, 접고, 붙인 다음 끈을 매달아 집 안을 장식해도 좋아요.

도형 실험실

십사면체로 알려진 거대한 보석이랍니다.

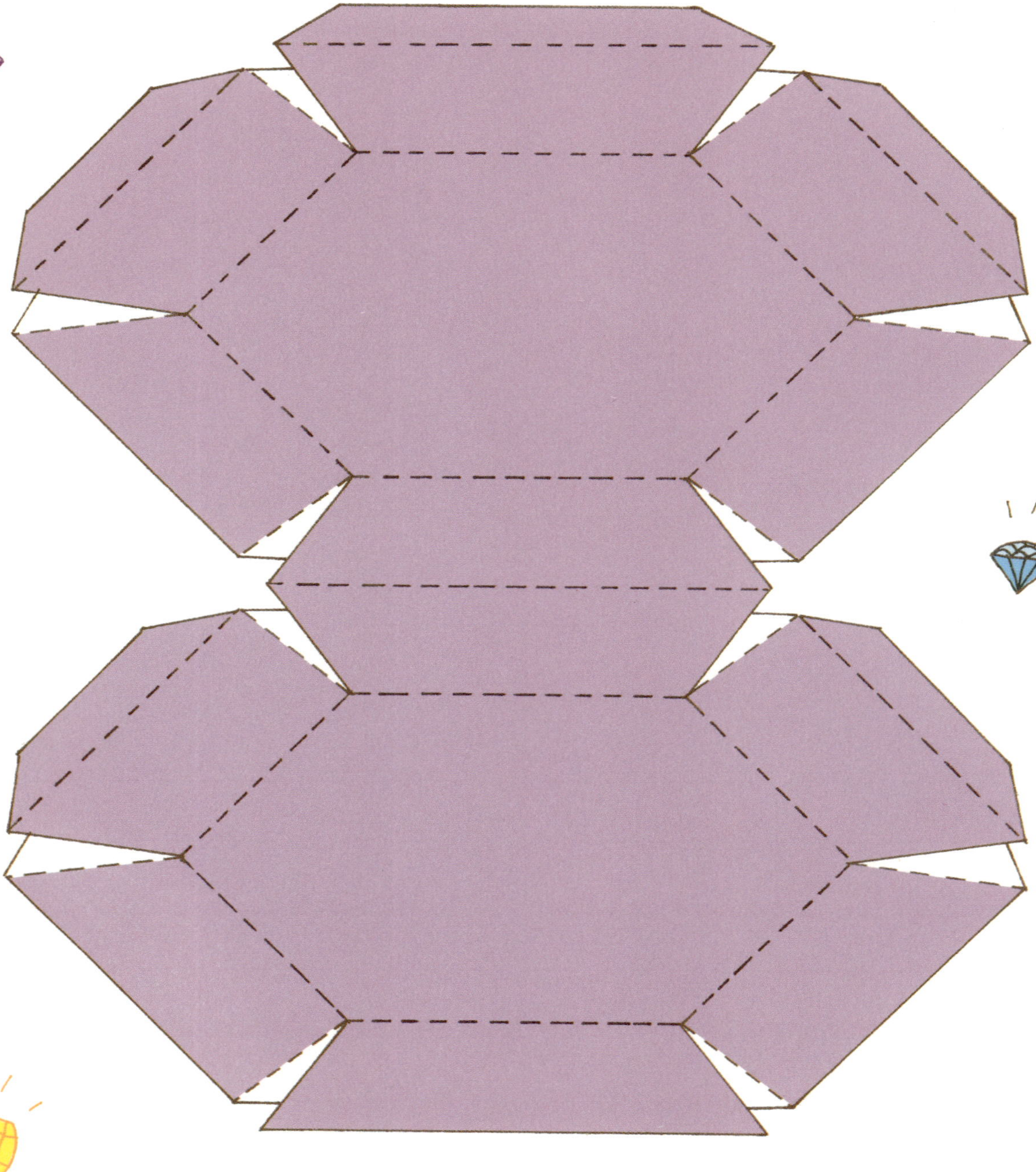

나는 십삼면체!

눈부신 다이아몬드

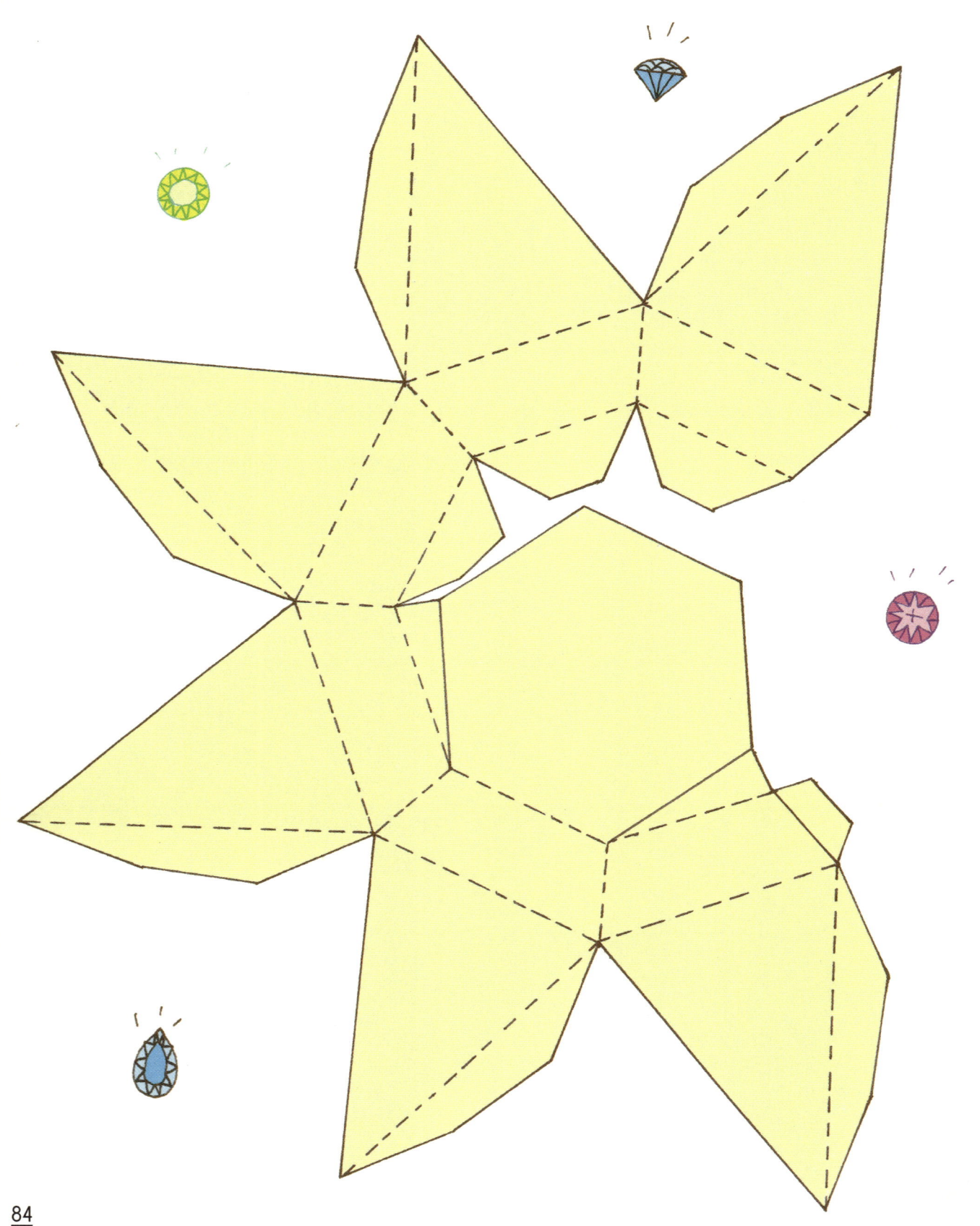

돼지 주사위

주사위 전개도를 오린 뒤 접어서 정육면체 모양으로 만들어 봐요.

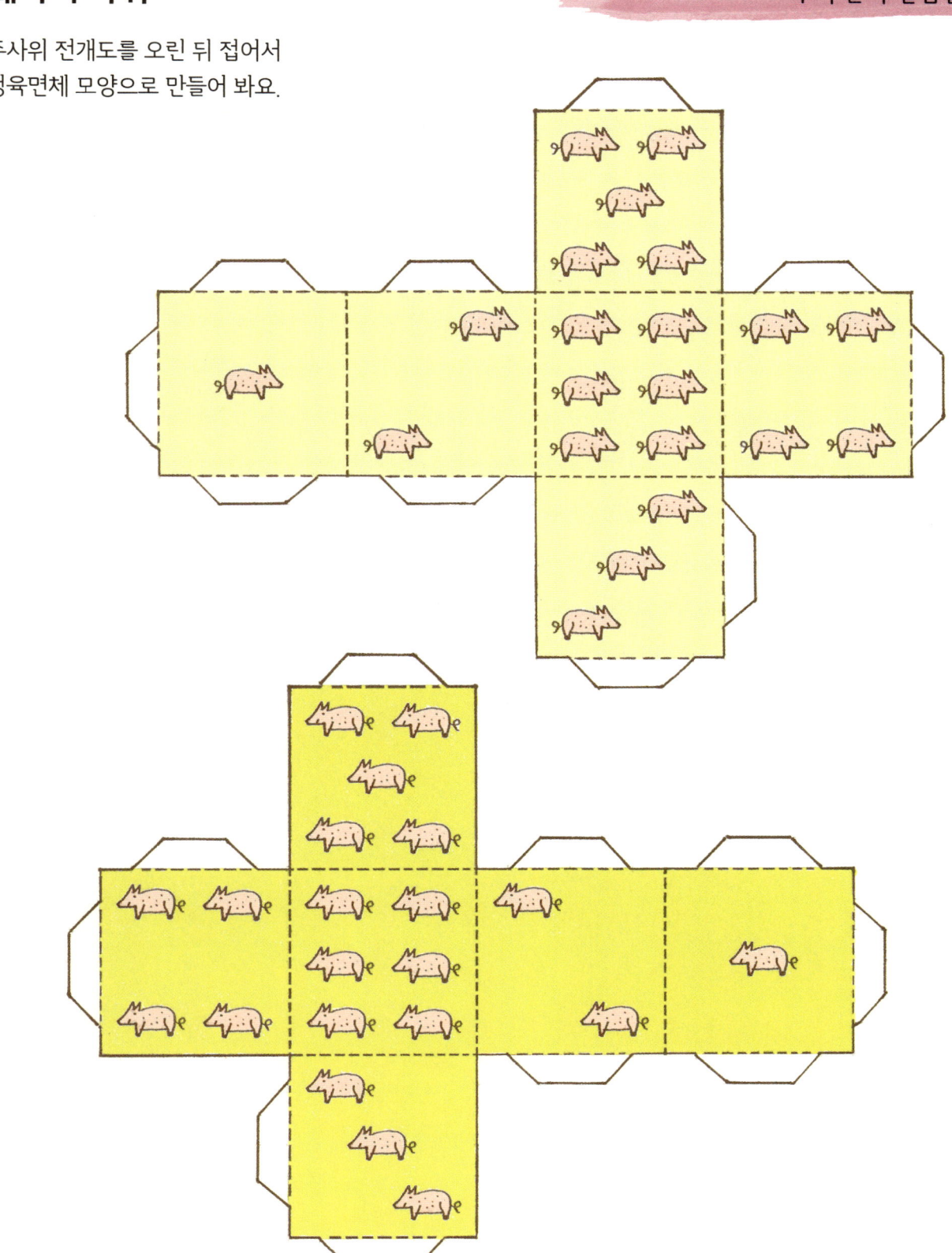

수학 마술 카드

수학 놀이 실험실

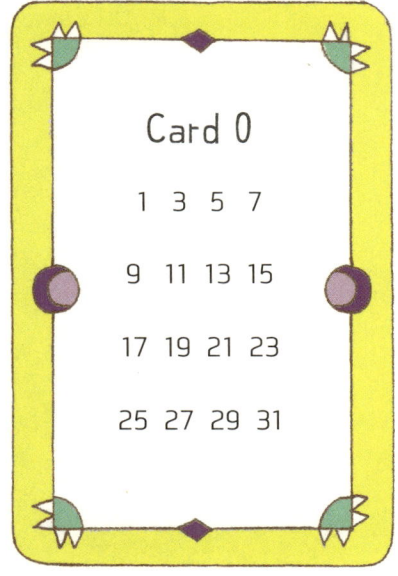
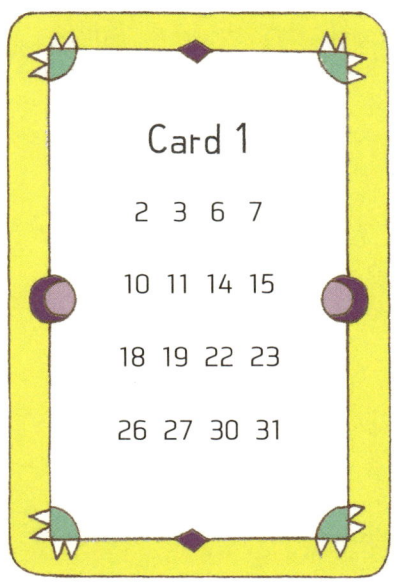

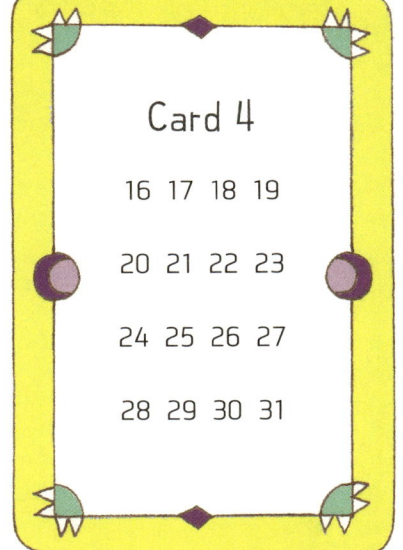

정답

9쪽

- 동전과 위상 동형인 사물 : 접시, 컵, 방석, 탁자, 연필, 사과, 칼….
- 반지와 위상 동형인 사물 : 빨대, 바늘, 철사 옷걸이, 두루마리 화장지….
- 찻주전자와 위상 동형인 사물 : 발가락 사이에 끈을 끼우는 비치 샌들, 플라스틱 장바구니, 양쪽에 손잡이가 달린 냄비….

13쪽

정사각형 안에 추적 곡선을 그리면 아래 그림과 같이 나타나요.
구역을 구분해 번갈아 색칠하면 추적 곡선이 좀 더 뚜렷하게 보이지요.

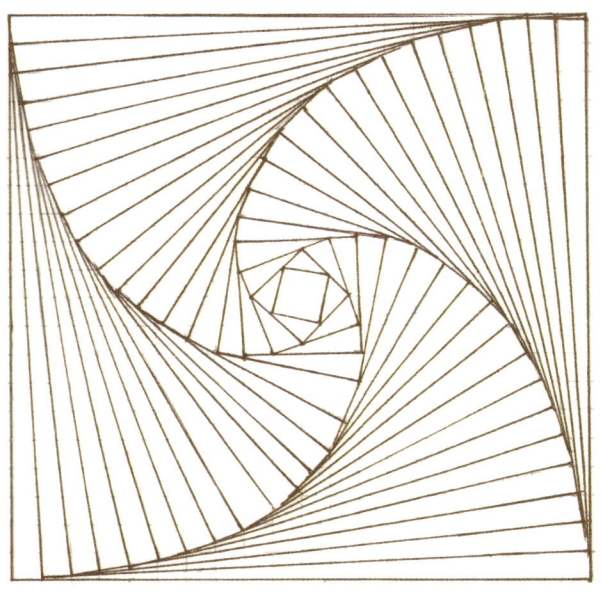 

20-21쪽

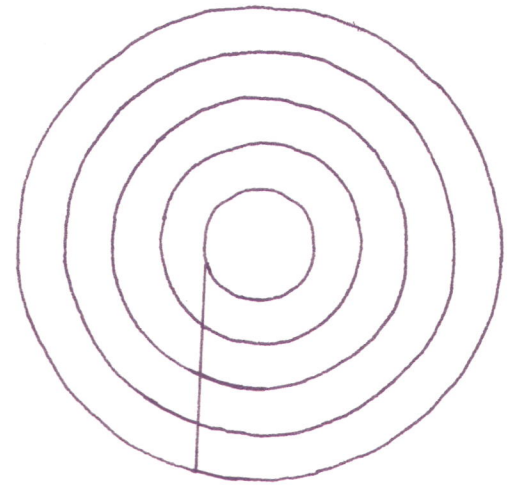

먼저 5개의 동심원(중심이 같은 원)을 그려요. 그다음 맨 안쪽에 있는 원 둘레에서 가장 바깥쪽에 있는 원 둘레까지 직선을 그어요.

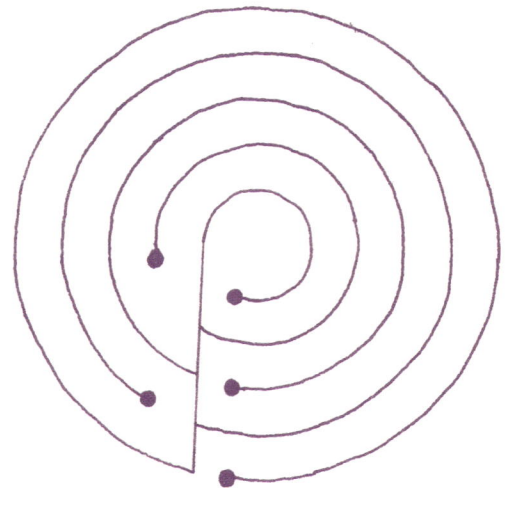

위의 그림처럼 바깥쪽 원에서 안쪽 원까지 직선에 닿는 원의 둘레 일부분을 번갈아 가며 지워요.

막다른 길을 모두 막으면, 미로를 통과할 수 있는 길이 드러나지요.

23쪽

오일러는 그래프의 각 점에서 나가는 선의 개수가 모두 짝수이거나, 2개의 점(시작점과 끝점)에 연결된 선의 개수가 홀수일 때만 한붓그리기가 가능하다는 것을 증명했어요.

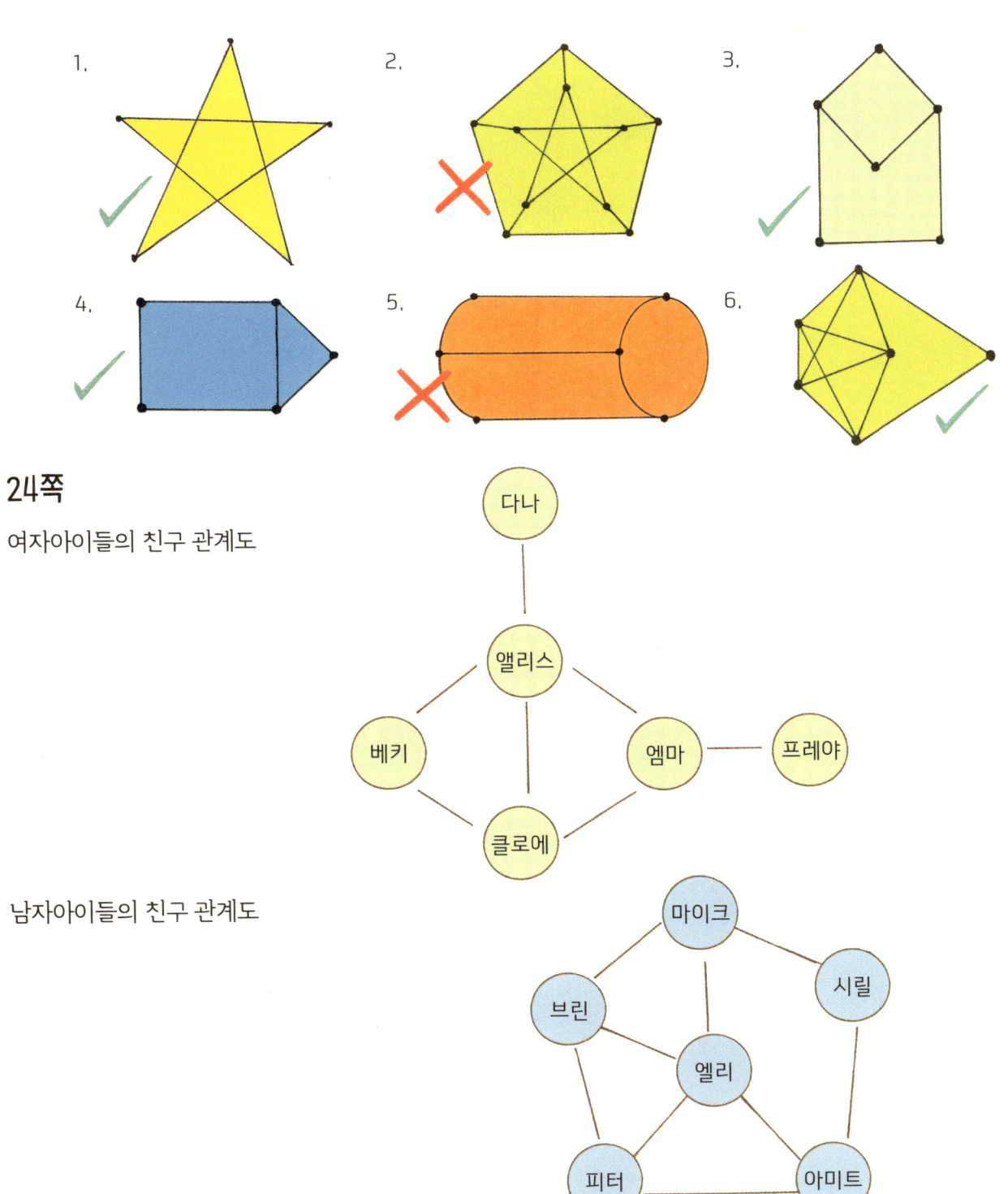

24쪽

여자아이들의 친구 관계도

남자아이들의 친구 관계도

28-29쪽

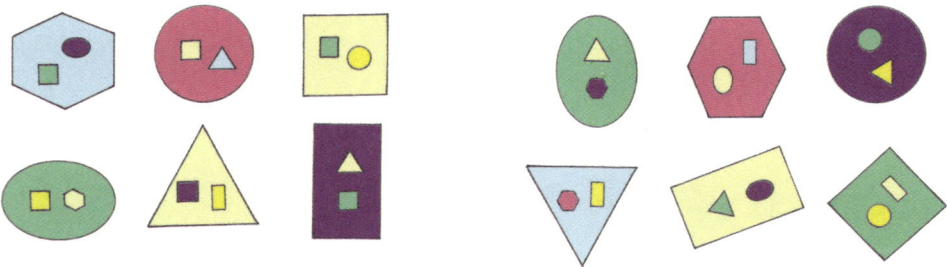

왼쪽의 도형들은 안에 정사각형이 들어 있지만,
오른쪽의 도형들 안에는 정사각형이 없어요.

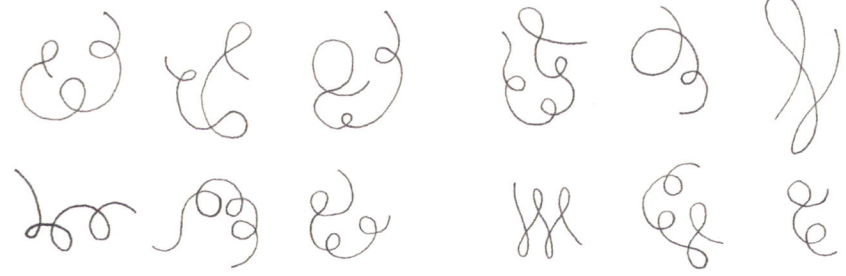

왼쪽의 선들은 모두 자신과 세 번 만나 3개의 고리를 만들어요.
반면 오른쪽의 선들은 자신과 만나는 횟수가 제각기 달라요.

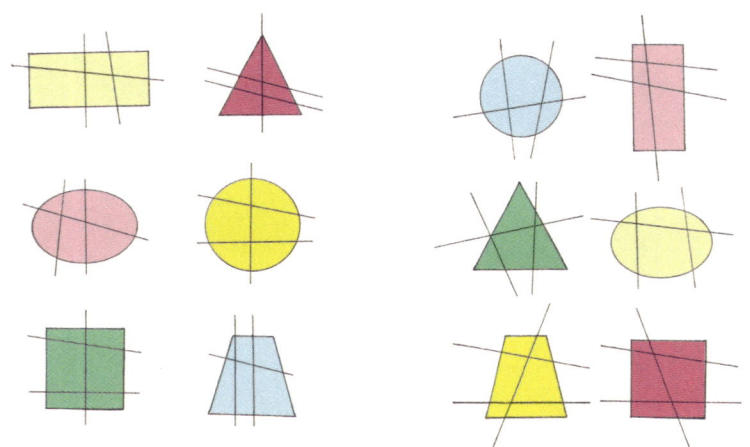

왼쪽의 도형들은 모두 자신의 한가운데를 지나는 대칭축이 있지만,
오른쪽의 도형들에는 대칭축이 없어요.

32-33쪽

홀수와 짝수를 서로 다른 색으로 칠하면, '시어핀스키 삼각형'이 나타나요. 부분적으로 나타난 삼각형이 전체 삼각형과 모양이 같지요. 바로 31쪽의 비누 거품을 닮은 프랙털 구조예요.

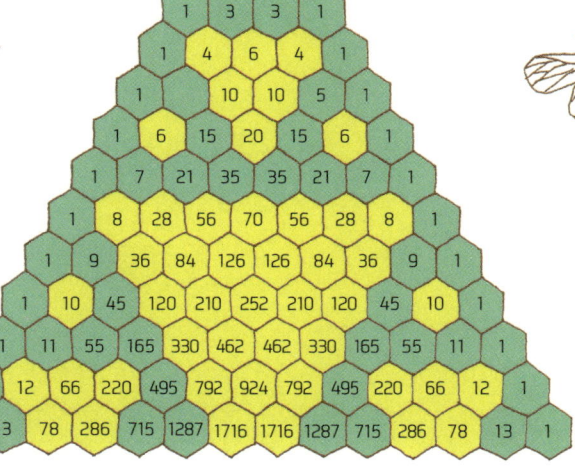

첫 번째 대각선에는 1만 나와요. 두 번째 대각선에는 1부터 시작해 1씩 커지는 수들이 나열되지요. 세 번째 대각선에는 '삼각수'가 나타나요.

각 가로줄끼리 수를 더하면 그 값이 아래 행으로 내려갈 때마다 2배씩 커져요.

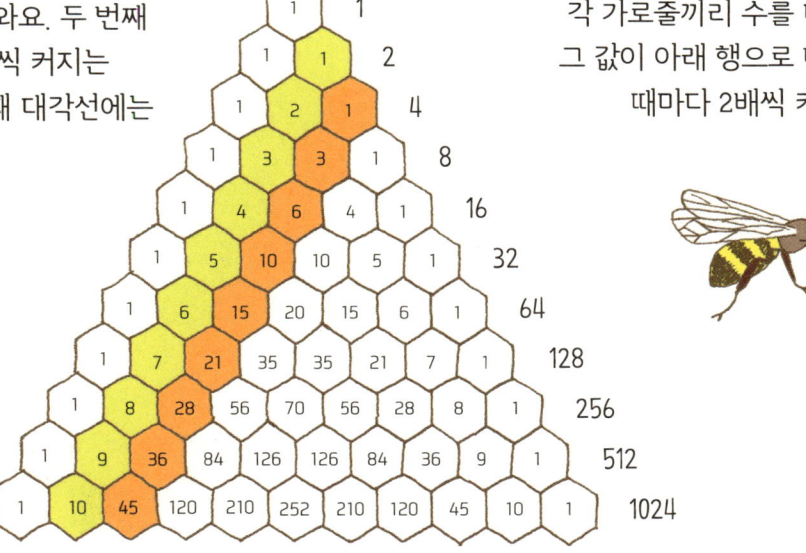

삼각수란 1, 3, 6, 10, 15처럼 정삼각형 모양으로 배열해서 나타낼 수 있는 수를 말해요. 맨 아래줄에 점을 덧붙이면 더 큰 삼각형이 만들어지지요.

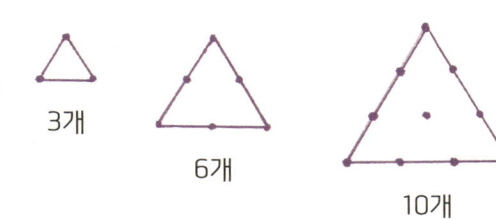

34쪽

Caesar is a right git (카이사르는 별 볼 일 없는 사람이다).

37쪽

색깔 암호 그림

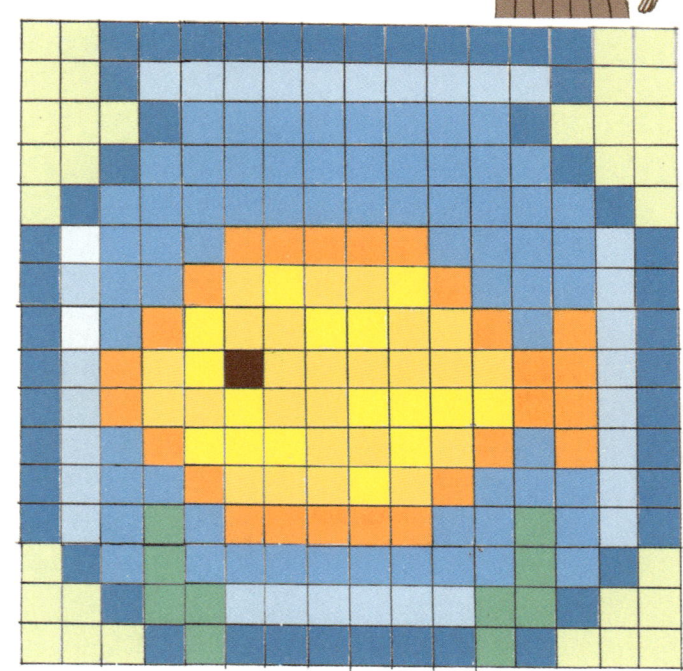

39쪽

이진수가 나타낸 그림

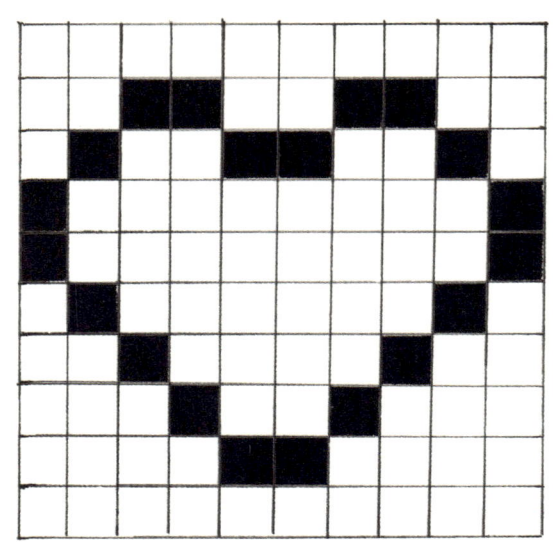

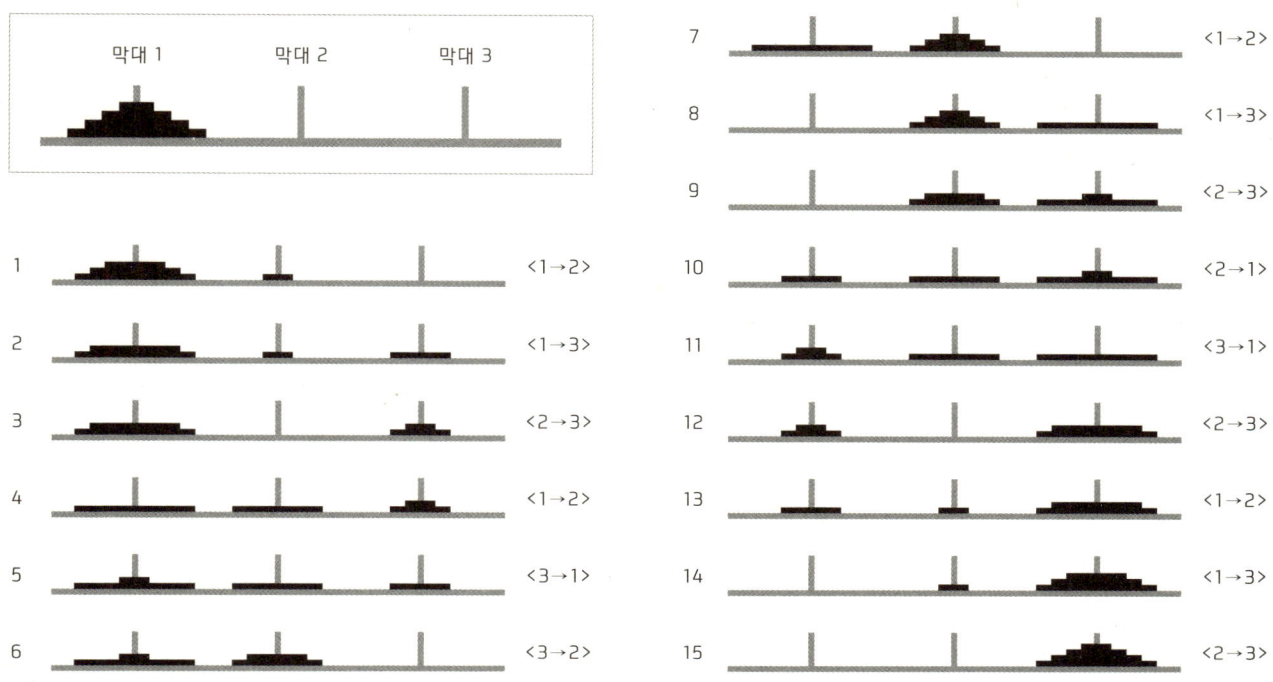

그럼 원판 64개를 모두 옮기려면 원판을 몇 번 움직여야 할까요? 알려진 바에 의하면 18,446,744,073,709,551,615번이라고 해요. 원판을 한 번 옮기는 데 1초가 걸린다고 가정하면, 무려 5,849억 년이나 걸리지요. 그러니 세상의 종말이 오는 건 아닐까 걱정하지 않아도 된답니다!

사실 원판이 5개만 되어도 이동 횟수를 일일이 헤아리는 것이 만만치 않아요. 그래서 수학자들이 만들어 놓은 공식이 있어요. 원판의 개수만큼 2를 거듭 곱한 뒤 1을 빼면 돼요. 원판이 5개일 경우, 2를 다섯 번 곱한 뒤 1을 뺀 값인 31이 원판의 이동 횟수지요 ($2 \times 2 \times 2 \times 2 \times 2 - 1 = 31$).

하지만 결과나 공식을 외우는 것보다는 그 공식이 나오기까지의 과정을 이해하는 것이 바로 수학을 제대로 공부하는 자세랍니다. 여러분도 위의 공식이 어떻게 해서 나오게 되었는지 그 과정을 연구해 보길 바랄게요.

40-41쪽

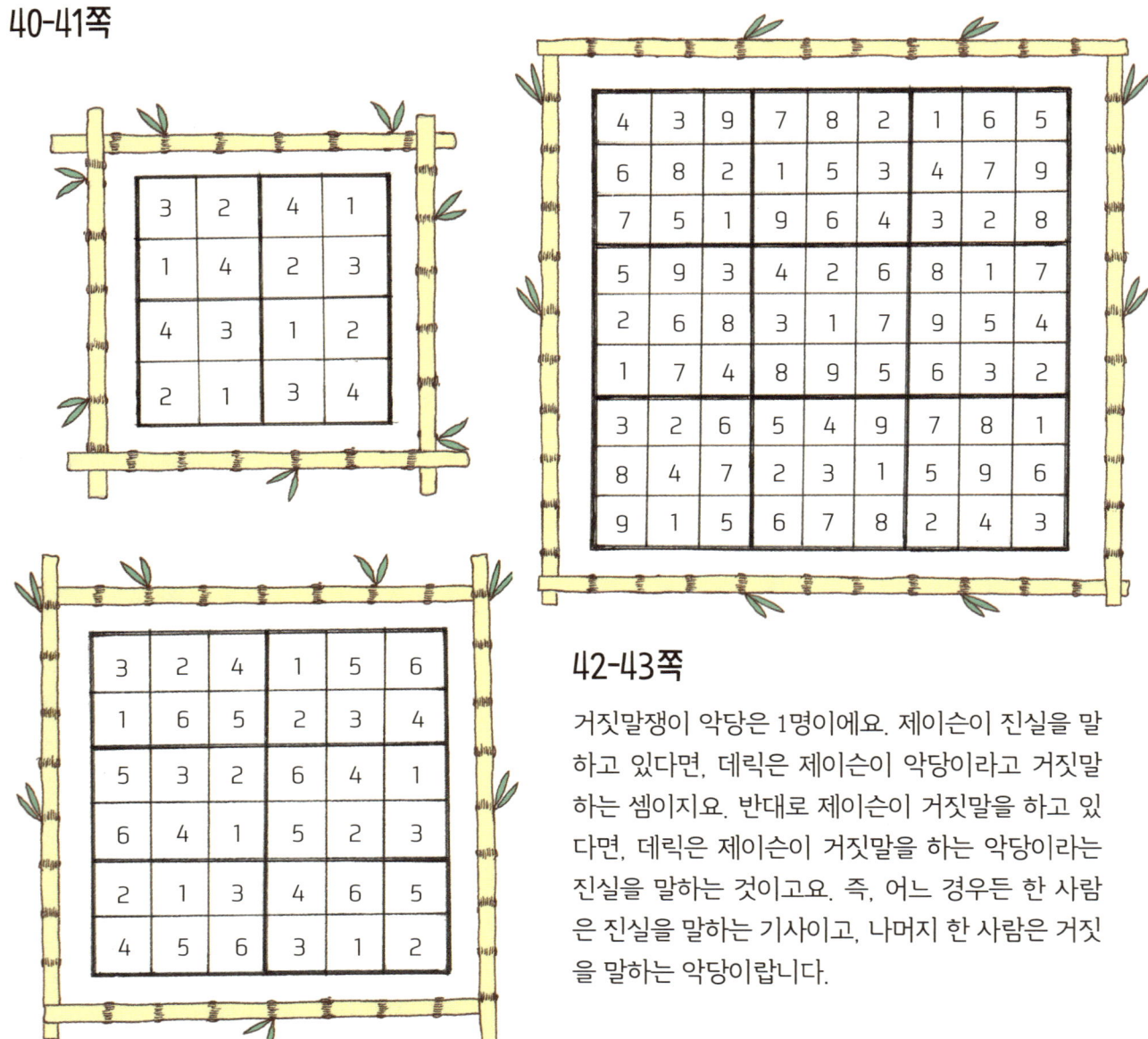

42-43쪽

거짓말쟁이 악당은 1명이에요. 제이슨이 진실을 말하고 있다면, 데릭은 제이슨이 악당이라고 거짓말하는 셈이지요. 반대로 제이슨이 거짓말을 하고 있다면, 데릭은 제이슨이 거짓말을 하는 악당이라는 진실을 말하는 것이고요. 즉, 어느 경우든 한 사람은 진실을 말하는 기사이고, 나머지 한 사람은 거짓을 말하는 악당이랍니다.

63-64쪽

규칙에 맞게 원판을 옮기려면 다음 세 가지 경우를 되풀이해야 해요.

- 막대 1과 막대 2 사이의 이동 (어느 방향으로든 상관없음)
- 막대 1과 막대 3 사이의 이동 (어느 방향으로든 상관없음)
- 막대 2와 막대 3 사이의 이동 (어느 방향으로든 상관없음)

위 과정을 차근차근 해 보면, 15번 만에 원판 4개를 모두 옮길 수 있어요.